LA TRAVESÍA DEL ENEAGRAMA

ENCONTRANDO EL CAMINO DE REGRESO A LA ESPIRITUALIDAD DENTRO DE TI: LA GUÍA FÁCIL DE LOS 9 TIPOS DE PERSONALIDAD SAGRADA: PARA RELACIONES SALUDABLES EN PAREJAS

CATALINA DE CORDOVA

ENRIQUE VERAS

información contenida en este documento, incluidos, entre otros, - errores, omisiones o inexactitudes.

ÍNDICE

MAPEANDO TU CAMINO MÁS ALEGRE Y GRATIFICANTE

*I*ntroducción al Eneagrama

La mayoría de nosotros pasamos por la vida tratando de lidiar con nuestras luchas, desafíos y demandas totalmente inconscientes del hecho de que hay una diferencia entre el verdadero yo y el ego de la personalidad que se ocupa de la vida cotidiana. "Ser uno mismo" es más fácil decirlo que ponerlo en práctica en nuestra sociedad porque a menudo nos enredamos en la conciencia de masas y el estatus quo, dejando muy poco espacio para la auténtica auto expresión y auto comprensión. De eso se trata el Eneagrama. Es una herramienta diseñada para ayudarte a simplificar y aumentar el conocimiento de ti mismo y, en el proceso, trascender tu nivel actual de conciencia humana.

En un mundo lleno de ilusiones, donde todos usan una máscara a diario, los que se hartaron de las máscaras tienen sed de la verdad y de una auténtica autoexpresión. Esto no es algo nuevo; la búsqueda ha estado presente durante siglos. Desde la época de Sócrates e incluso más atrás, siempre ha habido quienes buscan el verdadero conocimiento de quiénes son. Sin embargo, algo está cambiando en nuestra sociedad.

La humanidad está dando un salto trascendental en la conciencia por la cual a medida que nuestras vidas se vuelven más complejas, experimentamos la necesidad de desarrollar mejores conductas y pensamientos, más complejos y de mayor calidad para poder acoplarnos. Sin embargo, lo que la mayoría de nosotros estamos descubriendo es que este enfoque no está funcionando muy bien.

La mejor manera de prosperar mientras el mundo continúa haciendo un cambio global no es buscar mecanismos de acoplamiento más complejos para abordar el nuevo mundo emergente, sino más bien, simplificar la forma en que nos relacionamos y nos asociamos con la vida. En otras palabras, nos damos cuenta de que la mejor opción es buscar soluciones simples a nuestros problemas complejos. Estamos aprendiendo a priorizar y apreciar esta búsqueda de la verdad y tenemos curiosidad de descubrir si realmente hay más de lo que hemos creído para creer sobre nosotros mismos.

¿Has llegado a un punto en tu vida donde la necesidad de descubrir quién eres ha aumentado y aún no sabes por dónde empezar? A veces puede ser difícil comprender tu propio comportamiento y acciones, o por qué reaccionas de la manera en que lo haces ante ciertas situaciones. Es un momento muy aleccionador cuando un día te despiertas y te das cuenta de que ni siquiera sabes quién eres realmente, en el fondo. El camino hacia el mundo interior está repleto de un gran misterio y, a menudo, puede intimidarnos, especialmente cuando hemos estado fuera de nuestra propia verdad durante décadas. Ahí es donde las herramientas y los sistemas demostrados se vuelven útiles.

El Eneagrama es un antiguo sistema y herramienta que fue creado para ayudar a aquellos de nosotros que nos preocupamos por dejar al descubierto las capas de una conciencia masiva para que podamos sumergirnos profundamente y descubrir nuestro verdadero ser. Y este libro está diseñado para ayudarte a que ese viaje de autodescubrimiento y esta herramienta antigua sean más directos, comprensibles y rápidos de utilizar.

2

ORÍGENES

El término Eneagrama es de origen griego. Ennea es el número nueve en griego, y gramo significa un dibujo. Traducido al inglés ordinario, lo interpretaríamos como un dibujo con nueve puntos.

En la sección uno de este libro, exploraremos con gran detalle cómo se ve y significa este dibujo. Por ahora, lo más importante a tener en cuenta es que no solo estamos hablando de una metodología de la nueva era preparada para ayudarte a lidiar con las crecientes tensiones de la vida. Hay más de lo que parece.

Al principio, puede parecer otra de esas entretenidas, pero juveniles pruebas de personalidad que no poseen ninguna base concreta para asegurar la transformación personal, pero si lees el contexto de este material y le aplicas la comprensión correcta, ' cosecharás los beneficios del poder contenido.

George Gurdijieff, un místico ruso, y maestro es uno de esos individuos a quien se le atribuye la reintroducción moderna del símbolo del Eneagrama. Fue fundador de una escuela altamente influyente especializada en 'trabajo interno' y su principal forma de enseñar y usar el símbolo fue a través de una serie de danzas sagradas, o lo que él llamaba 'movimientos'. Él creía en dar a sus alumnos un sentido directo del significado del símbolo y el proceso que representa, pero lo que no hizo fue incluir el sistema de tipos enea, tal como lo conocemos hoy. Para que comprendamos quién estaba detrás de este sistema, tal como lo conocemos hoy, tendremos que introducir a Oscar Ichazo en la historia.

Oscar Ichazo es acreditado como el individuo principal detrás del sistema contemporáneo del Eneagrama. Era un hombre boliviano que se mudó a Perú y luego a Buenos Aries en Argentina para estudiar el 'trabajo interno'. Esto le condujo a más viajes y búsqueda de sabiduría en Asia, donde adquirió más conocimiento a través de varias tradiciones de sabiduría que lo ayudaron a crear una forma sistemática de comprender y aplicar todo lo que había aprendido en sus viajes. Ichazo combinó las enseñanzas del taoísmo, el budismo, la filosofía griega antigua, el islam, el cristianismo y el judaísmo místico para formar su propia escuela de pensamiento que utilizaba el antiguo símbolo del Eneagrama. Así, desde la década de 1960, cuando comenzó sus enseñanzas en Chile, el Eneagrama basado en la personalidad se ofreció como un sistema para ayudar con la autorrealización y la transformación.

La escuela de Arica en Chile, donde enseñó en la década de 1960 y a principios de los setenta, es donde introdujo por primera vez su sistema de los 108 Eneagramas (o Ennneagons, según su terminología). Estos son conocidos generalmente como el Eneagrama de la Pasion, Eneagrama de las Virtudes, Eneagrama de las Fijaciones, y el Eneagrama de las Ideas Santas.

Fue durante este tiempo en Chile que un grupo estadounidense interesado en su trabajo fue a Sudamérica para estudiar y experimentar a primera mano sus métodos. Uno de los participantes del grupo fue el notable psicólogo estadounidense Claudio Naranjo, quien recreó su versión actualizada del

sirviendo para que puedas mejorarlos, y arrojar una luz sobre los rasgos positivos que debes aprovechar.

Finalmente descubrirás tu verdadero yo, y te fortalecerás lo suficiente como para discernir la diferencia entre la máscara que has estado usando como forma de protección. No solo aprenderás más sobre ti, sino que también empezarás a ver el mundo, y comprenderás por qué las personas piensan, sienten, se comportan y actúan como lo hacen. Esto te permitirá detectar aquellos con los que eres más compatible, y sostener más de esas relaciones. De hecho, tengo un capítulo que te ayuda explícitamente a cultivar relaciones amorosas saludables.

Te felicito por tomar esta decisión para mejorarte y hacer que tus semejantes comprendan mejor. Los cambios y prácticas que integres conforme vayas absorbiendo cada capítulo afectará tu éxito y felicidad personal.

El libro está dividido en cuatro secciones. En la sección uno, volvemos a lo básico para que antes de integrar esto a tu vida y relaciones, puedas formar una base sólida. En la sección dos, profundizaremos en los detalles de los tipos de Eneagrama. En la sección tres, exploramos más sobre quién eres realmente, así como los subtipos de los tipos de Ennea y, por último, te guiaremos para integrar esto en las áreas más críticas de tu vida. También tendrás la oportunidad de hacer una prueba de Eneagrama para averiguar qué tipo y subtipos resuenan más contigo. Ahora, recuerda, el sistema de Eneagrama es un trabajo aun en progreso como lo es tu vida. Sé gentil contigo mismo a medida que avanzas en este proceso y trata de no ponerte demasiado rígido tratando de encajar en un tipo o subtipo específico.

El Lado Oscuro de los Tests de Personalidad

Una mujer se desempeñaba increíblemente bien en su trabajo liderando un pequeño equipo en una importante agencia de bienes raíces hasta que tomó una de las pruebas de personalidad más populares. Tras recibir los resultados de la prueba de personalidad, sus colegas no confiaron en ella de la misma manera. Sintieron que ella simplemente no tenía la personalidad adecuada para estar en esa posición.

Al compartir su frustración conmigo, dijo: "después de ese día, cada vez que algo sale mal, o si me equivoco, tengo la sensación inquebrantable de que es porque soy este tipo de personalidad en particular, y tal vez debería estar buscando un trabajo que sea más adecuado para ese tipo de personalidad ". Este es un problema real y común que mucha gente reporta una vez que caen en la desventaja de confiar en pruebas de personalidad tan superficiales.

El error aquí es elemental. Cuando aplicamos etiquetas rígidas a nosotros mismos y a otros que limitan la capacidad de hacer cosas que están fuera de los resultados de las pruebas, puede ser como estar encerrado en una pequeña caja. Quiero que evites ese pensamiento errado mientras nos adentramos en los conceptos básicos del sistema del Eneagrama. Para que puedas utilizar esta herramienta de manera efectiva, debes entender un hecho muy simple.

Eres un ser humano dinámico y en constante evolución. Tus experiencias, entorno y estado mental están en cambio, y lo mismo ocurre con tu tipo de personalidad. Este sistema de nueve puntos no tiene la intención de encasillarte en una categoría. Los nueve puntos están interconectados, y puedes encontrar aspectos tuyos en varios tipos. Esto es algo bueno.

Ser capaz de descubrir más de quién realmente eres es posible y se puede hacer sin necesariamente encajar en una categoría rígida. Comencemos.

Comprensión de los conceptos básicos y antecedentes del sistema

3

LA TEORÍA DEL ENEAGRAMA

Si realmente queremos una mejor comprensión del Eneagrama y de cómo está destinado a ayudarnos a llevar una vida mejor, debemos al menos tener en cuenta el propósito principal del trabajo de Ichazo. En realidad, cada persona es perfecta, intrépida y en amorosa unidad con todo el cosmos; no hay conflicto dentro de la persona entre la cabeza, el corazón y el estómago, o entre la persona y los demás.

"Entonces sucede algo: el ego comienza a desarrollarse, el karma se acumula, hay una transición de la subjetividad hacia objetividad; el hombre cae de la esencia a la personalidad"

Se trata de iluminar y motivarte a despertar a una mejor comprensión de la estructura de tu alma y de los demás. Hay un "yo" real y un "yo" cotidiano que juntos forman el individuo que sabes que eres. Por lo general, operamos nuestras vidas enteras desde el ser ordinario (también conocido como el ser del ego) y nos separamos de ese ser profundo y verdadero, y de ahí surge toda la inquietud interna, la confusión y la crisis de identidad.

Ichazo desarrolló sus enseñanzas y metodologías transformacionales para ayudarnos a conciliar estos dos aspectos de nosotros mismos, y recuperar la armonía y la integridad que es nuestra verdadera naturaleza. La teoría está inspirada en la tradición mística y filosófica occidental de nueve formas divinas según mencionado por Platón (sólidos platónicos) y luego desarrollada en el siglo III por el filósofo neoplatónico Plotino en su obra – Los Eneas.

Claramente, estas no son nuevas ideas, pero lo que podemos concluir es que nadie había consolidado tan eficazmente todas estas diferentes maneras de pensamiento hacia un trabajo coherente. La base de su enseñanza es que mientras un individuo permanezca en esencia pura, está en completa armonía con la vida y posee las cualidades esenciales superiores, también conocidas como las Ideas Santas.

Cada Idea Santa tiene una virtud correspondiente. A medida que un individuo pierde conciencia y presencia, se aleja de esa Esencia pura, y entra en el ámbito de la personalidad, donde tanto las Santas Ideas como las Virtudes se distorsionan en la fijación del Ego y la pasión, respectivamente.

Ideas sagradas, Virtudes, Fijaciones del ego y Pasiones

Según la teoría de Ichazo, la pérdida de la autoconciencia conduce a una contracción espiritual, que da lugar a los estados del ego. Nos distorsionamos en nuestros pensamientos, sentimientos y acciones deshabilitando la conexión con lo Divino. No está diciendo que no deberíamos tener pasiones y fijaciones egocéntricas, simplemente señala que estos son aspectos inferiores e indómitos de nosotros mismos que en realidad son parte de algo más grande y mejor si solo aprendemos a utilizarlos de manera efectiva. Se vuelve nuestra búsqueda para restaurar ese equilibrio y verdad en nuestras vidas una vez que reconocemos que son versiones distorsionadas de esencia pura. Este es el propósito principal subyacente al Eneagrama de la personalidad.

El objetivo no es solo hacer un examen; es lo que te sucede una vez que das ese primer paso de autoanálisis a través del examen.

4

ENTENDIENDO EL ENEAGRAMA MODERNO

*A*hora que tienes un contexto sobre el propósito y el origen de tanto el antiguo símbolo del Eneagrama como del concepto creado por Ichazo que incluye el símbolo que forma el Eneagrama de la personalidad, tal como lo conocemos hoy, cambiemos nuestro enfoque. Es hora de llevar nuestra atención de la historia básica hacia el sistema actual para que puedas empezar a ver el valor que puede aportar al desarrollo de tu vida.

Al intentar comprender y estudiar el comportamiento humano, hay varios enfoques que uno puede usar. La mayoría de ellos implica el diagnóstico de comportamientos patológicos, y aunque esto es importante, ciertamente no es un enfoque muy holístico y no considera el comportamiento humano en su totalidad.

Lo que pretende hacer el Eneagrama es ofrecer un mapa más holístico, y un lenguaje preciso para ayudarte a comprender y a expresar lo que descubres sobre ti mismo y los demás. Para seguir siendo relevante, el sistema de mecanografía detallado necesitaba crecer y tener en cuenta los descubrimientos psicológicos que hemos realizado en el mundo moderno.

Es nuestro trabajo recordar que el propósito de esta herramienta no es etiquetar y clasificar a otros o a nosotros mismos en ciertos estados fijos. En cambio, se trata de abrirte para reconocer los principales patrones de comportamiento en los que las personas tienden a caer, entendiendo que cada individuo puede exhibir cualquiera de estos rasgos de personalidad de manera más dominante que los otros rasgos dependiendo de su estado actual, entorno y cuán autoconscientes están de ello.

En la entrevista donde Claudio Naranjo explicó su papel en la creación de la herramienta.

Continúa diciendo que lo que Ichazo tenía era un

mapa fundamental que luego ayudó a desarrollar a un nivel más avanzado

Para comprender mejor la herramienta Eneagrama, debemos considerar cómo funciona la mente. La mente quiere ser estratégica sobre la gestión y la navegación en la vida para poder sobrevivir de la mejor manera. Se dice que el sistema de nueve puntos del Eneagrama son las nueve cualidades distintas y únicas que todos los seres humanos poseen como características especiales para ayudar a un individuo a navegar por la vida (incluido el trauma).

Tu tipo de Eneagrama es la herramienta de navegación que siempre influye secretamente en tu comportamiento, percepciones y reacciones de una manera que no siempre puede predecir. Cuanto más entiendas el tipo de tu Eneagrama, más información tendrás sobre ti y tus patrones de pensamiento habituales, porque reconocerás que hay una forma principal en la que puedes percibir y reaccionar ante las cosas que demuestran tu personalidad dominante del Eneagrama. Esto te permitirá tomar una decisión informada sobre si deseas o no activar otros personajes que consideres más adecuados para el tipo de persona que aspiras a ser.

También te ayudará a discernir mejor entre el yo real, y el yo en ti. Es un sistema sutil pero complejo, pero no tienes que sentirte abrumado o confundido. Cuando lleguemos al fondo de este libro, y descubramos este sistema de nueve puntos, tómate un momento para hacer una pausa entre la descripción del tipo, y ver cuáles resuenan contigo. Hacia el final del libro, haremos una simple prueba de Eneagrama para ayudarte a determinar dónde te ubicas, y qué tipo es tu personalidad más dominante. Pero exploremos con más detalle cada punto numerado y la estructura del Eneagrama por ahora.

INTRODUCCIÓN A LOS DIFERENTES TIPOS DE ENEAGRAMA

Según las enseñanzas del Eneagrama sobre el sistema de personalidad, sabemos que hay nueve puntos. Cada uno de ellos tiene un nombre único.

1. *El Perfeccionista también llamado el Reformador.*
2. *El Dador también llamado el Ayudador.*
3. *El Triunfador también llamado el Ejecutante.*
4. *El Romántico también llamado el Individualista.*
5. *El Observador también llamado el Investigador.*
6. *El Leal también llamado el que Duda.*
7. *El Entusiasta también llamado el Soñador.*
8. *El Retador también llamado el Líder.*
9. *El Pacificador también llamado el Diplomático.*

Sin embargo, vale la pena mencionar que el sistema contiene más que estos nueve tipos. También hay centros y alas que juegan un papel importante en la interpretación y comprensión de tus resultados al tomar el examen.

Centros:

Los centros organizan los nueve puntos en tres grupos. En el diagrama forman una tríada. Clasificando los puntos numerados como el Centro Instintivo para los tipos 1, 8 y 9; el Centro de Sentimientos para los tipos 2, 3 y 4; y finalmente el Centro de Pensamiento para la Personalidad Tipo 5, 6 y 7.

Las Alas:

Las alas son las que nos ayudan a reconocer el hecho de que todos estamos conectados independientemente del tipo, y también de que no estamos atrapados exclusiva y rígidamente en un punto numerado. De hecho, a menos que abracemos y desarrollemos "nuestras alas", aún será difícil alcanzar nuestro máximo potencial en la vida.

Nos sumergiremos más en los centros y alas en el próximo capítulo, donde incluso podrás tener una idea visual del Eneagrama para ayudarte a conectar mejor con el sistema.

Como puedes ver, hay capas adicionales de complejidades que pueden ser muy interesantes para una
persona interesada. Por complicado que parezca este
sistema, es muy dinámico y sencillo una vez que lo
comprendas, y te conectes a la estructura del
diagrama en sí, porque le dará a tu mente una
imagen mental funcional donde podrás comprender
más acerca de tus tendencias naturales.

Cuando intentas averiguar más sobre ti mismo, los
demás, y por qué actúas como lo haces, el Internet
tiene muchas soluciones a elegir. Por desgracia, la
mayoría de ellas no tienen el mérito de darte una
respuesta que pueda transformar tu vida. Sin
embargo, la herramienta del Eneagrama de personalidad es uno de los pocos sistemas reconocidos a
nivel mundial que no solo te ayuda a aprender más
sobre tu personalidad, sino que también expande tu
conciencia para mostrarte cómo aprovechar los
campos que van mucho más allá de las tendencias
superficiales. Lo mejor de todo es que te brinda
información sobre cómo se comportará tu tipo de
personalidad cuando estés expuesto a situaciones
poco saludables y estresantes, y cuán buenas pueden
ser las cosas cuando estés en el camino saludable
hacia el desarrollo de la personalidad.

ESTRUCTURA DEL DIAGRAMA

*L*a estructura del diagrama de Eneagrama convencional está diseñada para ayudarte a conectar visual, mental y emocionalmente con la herramienta. Apuesto a que te estás preguntando por qué el sistema está enumerado del 1 al 9 antes de comenzar a diseccionarlo. También tenía curiosidad por eso. ¿Una clasificación numérica más alta significa que hay más valor en un tipo de personalidad en comparación con otro?

¡Absolutamente no! No hay diferencia de valor entre el número más grande y el número más pequeño. Entonces, el hecho de que alguien sea un ocho no significa que sea mejor que un tres.

Creo firmemente que nadie es mejor o peor que el

embargo, hay más que aquellos que quieren sumergirse más profundamente. Entre los nueve puntos también hay interconexión. Entonces, si bien puedes descubrir que tu personalidad básica es un 2, descubrir un poco más de ti en los nueve tipos no es infrecuente. Aquí es donde entran en juego los Centros y las Alas.

Todos los maestros y autores de Eneagrama están de acuerdo en que todos nacemos con un tipo específico de personalidad dominante que emerge de la infancia, para ayudarnos a adaptarnos a nuestro entorno.

De bebes, realmente no tenemos un sentido desarrollado de nosotros mismos. El ego aún no se ha activado, y solo pasa un tiempo en un parque si no tienes claro esto. Observa cómo el niño pequeño no tiene sentido de identidad en un cochecito. Difícilmente puede distinguir la diferencia entre los dedos de las manos y los pies, o si una muñeca le pertenece o no. Luego mira a los bebés que comienzan a ser más tímidos. Pueden identificar a sus padres y hermanos, pero aún no tienen sentido de sí mismos. Luego observamos a niños de cinco años, persiguiendo una pelota. El dueño de la pelota sabe que le pertenece, y si se le quita, probablemente lloraría, pero el "yo" todavía es muy fluido. Una vez que alcanzan la edad de siete años o más, el "yo" está bien definido, y todo se trata de tomar posesión y determinar "yo" y "mío". Desarrollamos un sentido de identidad para ayudarnos a encajar en este mundo y sobrevivir, dependiendo de nuestro entorno, lo que nuestros tutores nos enseñaron, cómo nos trataron y a qué nos expusimos.

Por lo tanto, podemos generalizar que nuestros años de formación, y todo a lo que nos hemos expuesto ayuda a dar forma a nuestras personalidades. Aprendimos a confiar más en el tipo de personalidad que nos permitiría sobrevivir y sentirnos seguros en el mundo que nos rodea. Algunas de las opciones que elegimos pueden ser maravillosas, pero quizás algunos aspectos no son nada saludables, pero aún así nos exhibimos como esa persona en el mundo. Además, es posible que hayamos descuidado desarrollar y aprovechar las influencias de las cualidades conectadas y las capacidades especiales que podemos poseer. Es por eso que podría valer la pena conocer a qué centro perteneces, y qué alas tienes. Analicemos más a fondo el papel de los tres centros y las alas antes de saltar a cada uno de los nueve puntos de la siguiente sección.

Centros:

Como se mencionó anteriormente, los Centros están segmentados en una tríada. Estos son centros de inteligencia que caerán en cada uno de los puntos numerados. Cada centro tendrá tres tipos de personalidad. La tríada consiste en el centro del pensamiento, el centro del sentimiento y el centro de la intuición.

También conocidos como los centros de la cabeza, el corazón, y la intuición. Estos centros están diseñados y designados deliberadamente para las áreas específicas del diagrama. Los centros generalmente se diferencian entre sí en función de cómo la persona suele interpretar la vida y a los demás.

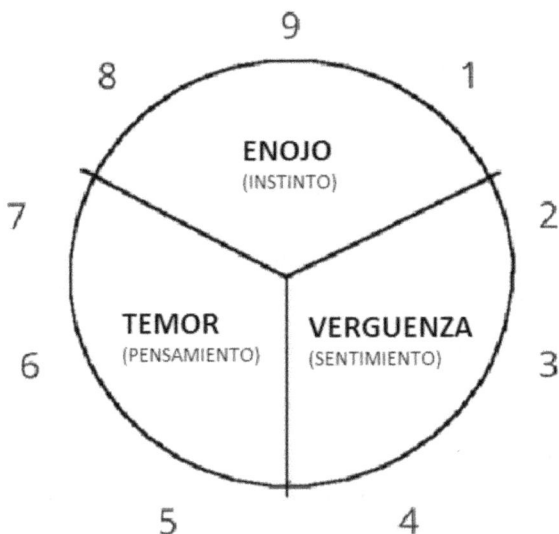

Centro de pensamiento:

Los tipos de la razón generalmente están demasiado atascados en sus cabezas. Tienden a retirarse de las relaciones. El centro de la cabeza es un centro cognitivo, y las personas en esta tríada aman pensar, analizar y abordar las cosas con cautela. Imagina que has estado en una fiesta por un momento. Si eres parte del centro de pensamiento, entonces tu tendencia y preferencia natural sería en o cerca de la puerta para poder tener una mejor vista, y simplemente observar a los demás.

Algunos autores se refieren a ellos como tipos basados en la mente. Su emoción dominante para mantener el control es el Miedo.

El centro de sentimientos:

Los tipos sentimentales generalmente son personas que participan en relaciones y buscan continuamente a otros. Están muy preocupados por los sentimientos e interacción con otras personas. Volvamos a la escena de la fiesta. Esta vez, en lugar de pararte junto a la puerta para ver quién está presente y lo que sucede a tu alrededor, serías el primero en mezclarte, presentarte a las personas e intentar conectarte con la mayor cantidad de gente posible.

Algunas personas se refieren a estos tipos como aquellos basados en sentimientos. Su emoción dominante es la Vergüenza.

El centro instintivo:

Los tipos de la intuición son instintivos. Son muy directos y no temen ser confrontativos. Las personas tienden a actuar primero en esta tríada, y luego piensan y sienten más tarde. Si tomamos el último ejemplo de esta fiesta, sabrías si esta tríada encajaría en tu enfoque perfecto desde el momento en que ingresas al salón. ¿Eres, en tu interacción con los demás, audaz, ruidoso, cordial y jovial? Tal vez te des a conocer muy intensamente que otros a menudo te encuentran ofensivo o intimidante. Y si tu tipo de persona no es tímida a la hora de hacer críticas constructivas, incluso hacia el anfitrión de la fiesta, entonces diría que este es tu centro.

Algunos autores se refieren a estos tipos como tipos basados en el cuerpo. La Ira es la emoción dominante a controlar aquí.

Según el Instituto del Eneagrama, cada tipo es el resultado de una relación específica con un grupo de problemas que caracterizan a ese centro. Mejor dicho, estos problemas son sobre una respuesta emocional poderosa, en su mayoría inconsciente, a la pérdida del contacto personal.

En otras palabras, tienes una respuesta emocional inconsciente en particular que a menudo surge como resultado ante la pérdida del contacto entre el pequeño "yo" de la vida cotidiana, y el verdadero "yo". Los tres centros que se han agrupado en centros de Pensamiento, Instinto, y Sentimiento tienen como emociones dominantes el Miedo, la Ira, y la Vergüenza, respectivamente.

Entonces, si haces la prueba del Eneagrama y descubres que eres un tipo 6, y después de una pequeña reflexión te das cuenta de que el miedo es uno de los fuertes paralizadores que te detiene de la grandeza, entonces acabas de confirmar que eres dominante en eso . Entonces, cuando estás mejorando tu vida y trabajando duro para manifestar una vida que amas, es importante vigilar de cerca el miedo, porque ese sería tu mayor fuente de sabotaje.

Cada centro de inteligencia tiene ciertas responsabilidades y activos que están incluidos en este, que poseerán los tipos de personalidad asignados que pertenecen a ese grupo. El tipo tres, por ejemplo, cae en el "centro de sentimientos", lo que sugiere que su emoción inconsciente más dominante sea la vergüenza. También significa que tienen ciertas fortalezas y cualidades en relación con los "sentimientos", por lo que caen en esa tríada.

Solo para que quede claro, eso no significa que no vas a experimentar otras emociones. Piensa en el grupo donde te encuentras como un tema. Cualquiera que sea tu tema, ese será tu emoción más dominante.

Las alas:

La razón por la que creo que las alas son un aspecto

importante que debe incluirse en tu interpretación de los resultados de tu Eneagrama es que, en verdad, ninguno de nosotros puede resumirse completamente por un solo tipo de personalidad.

Somos personas únicas y complejas. Siempre evolucionando y cambiando de un momento a otro. Nuestro carácter tiene que ser una combinación de diferentes cualidades también. Las alas ayudan a integrar este concepto en el sistema.

Si bien algunos maestros del Eneagrama argumentan que solo tenemos un ala, estoy convencido de que necesitamos más de una. El número 1 está conectado al 2 de un lado, y el 9 en el otro, incluso si lo juzgamos desde un punto de vista estrictamente numérico. El tipo que está adyacente al 1 es el que llamamos tu ala. Así como se necesitan ambas alas para que vuele un pájaro o un avión, necesitas alas para volar. Estas alas complementan tu personalidad central. Te conectan con tus "vecinos más cercanos", dándote acceso a varios recursos y características que pueden ser muy útiles.

¿Son ambas alas igualmente dominantes, y necesitas desarrollarlas individualmente?

Sí y no. De hecho, no es una pregunta fácil de

responder. El Instituto del Eneagrama ofrece una idea de esto. "La observación de la gente nos lleva a concluir que si bien la teoría de las dos alas aplica en algunos individuos, la mayoría de las personas tiene una dominante. En la gran mayoría de las personas, mientras que la llamada segunda ala siempre está operativa en algún grado, la ala dominante es mucho más importante ".

Creo que lo más importante a recordar cuando se trata de tus alas es que resonarás más con un lado, y está bien. Conforme pasan los años, esto también puede cambiar, y es posible que te encuentres cambiando y mostrando más cualidades de las alas menos influyentes. De cualquier manera, es bueno ser consciente de ambas y descubrir cuál se alinea mejor con tu personalidad básica, y el ser humano en el que deseas convertirte.

Una forma efectiva de acercarte y comprender tus alas:

Entré a mi lugar favorito de yogur no hace mucho tiempo para tomar un descanso después de estar una hora de compras. Por desgracia, dicho descanso relajante no era el único que necesitaba. Estaba esperando en la fila por unos 5 minutos antes de que finalmente me tocara. En lugar de fruncir el ceño y sentir pena por mí misma, decidí observar lo que ordenaban las personas que estaban delante de mí. Cuando me di cuenta de lo únicos que somos todos, fue una experiencia bastante emocionante. Algunas personas no querían coberturas, salvo la base simple. Otros querían cuatro ingredientes diferentes.

¡Una adolescente justo antes que yo quería saber si podía obtener seis ingredientes diferentes! Pensé que era demasiado. Me sentí bastante modesta cuando llegó mi turno y pedí un yogur mediano con solo Nutella como aditivo. Sí, soy adicta a la Nutella, ¿qué puedo hacer?

Este es el punto de la historia ...

Como todos diferimos de manera única dentro de nuestras preferencias, las relaciones con nuestras alas también varían de un individuo a otro. Las alas no es el yogurt congelado; sino los ingredientes a elegir para darle sabor a tu yogurt (tipo de personalidad central). Todos tenemos acceso a nuestras dos alas, y a veces una se inclinará más fuertemente hacia una, o a la otra.

Cuanto más sepas tu preferencia, más fácil será usar tus alas. A algunas personas no les gusta nada. Les llamaríamos un ala ligera en este caso; algunos quieren muchos ingredientes, o demasiado de un tipo. A los que podríamos llamar alas fuertes. Otros como yo quieren la cantidad correcta de ingredientes, y podemos llamarlo alas dobles equilibradas. Conectarse a tus alas puede ayudarte a comprender las sutilezas de tu tipo de personalidad central, independientemente de tu preferencia.

A medida que te inclines más hacia un lado o hacia el otro en tus alas, expandirás tu perspectiva, y aumentarás tu capacidad para manejar la tensión, creando un mayor potencial para enmarcar los influenciadores que ya no te sirven. Cada tipo de personalidad central en cada lado del sistema de nueve puntos viene con un "vecino cercano" conectado. En la siguiente sección, se explorarán algunos de los regalos y desafíos que lleva cada ala mientras descubrimos las cualidades de los tipos de personalidad centrales. Hagámoslo.

Tipos de personalidades del Eneagrama a detalle

7

ENEAGRAMA TIPO UNO DE LOS TIPOS DE PERSONALIDAD

Tipo Uno: el Perfeccionista, también llamado Reformador

Los Tipo Uno generalmente son considerados. Disfrutan de una sensación de control, y constantemente necesitan hacer lo que es mejor. Algunos de los valores centrales de este tipo son la integridad y la responsabilidad.

Es crítico para aquellos que caen en este primer tipo ser considerados buenas personas, a menudo adoptando un enfoque blanco y negro para todo. Algo es bueno o malo

Las celebridades famosas como Hilary Clinton, Martha Stewart, e incluso los reformadores mundiales como Nelson Mandela pueden caer en este tipo.

Cualidades típicas se le atribuyen a algunos. Rasgos de carácter como ser intencional, tener principios, autocontrol, íntegro, y pragmático.

Pueden ser muy tranquilos y serenos, pero también se sabe que son muy críticos con ellos mismos y con los demás. Tienden a ser muy críticos e intransigentes. Dado que caen en el Centro Instintivo, la ira y el enojo son reacciones comunes, pero hacen un buen trabajo al reprimirlo, pues en realidad no les gusta expresar emociones.

Si eres una persona de tipo uno, es más probable que estés interesada en hacer lo correcto en todo momento. Crees en el sentido común, y a menudo eres muy responsable de preguntarte qué ocurre con las personas que no toman la vida en serio, y te haces responsables de ellos mismos. Tienes altos estándares y tiendes a ser un idealista, haciendo lo mejor que puedes para mejorar el mundo que te rodea, de ahí el término común "reformador". Estás orientado a los detalles, eres preciso en tu forma de comunicarte, y estás centrado.

Cómo mejorarte a ti mismo:

La mejor manera de ayudar a tu crecimiento personal es practicar ser menos crítico contigo mismo, si resuenas más con el tipo uno. Aprende a liberar una ira, enojo, o resentimiento saludable, o cualquier otra cosa.

También será una experiencia liberadora aprender a perdonarte a ti mismo y a los demás por los errores, ya que te dará más poder para lidiar con las imperfecciones que conoces. Además, ¡date permiso de divertirte!

Tus Alas

El Ala Nueve:

Regalos: algunos de los regalos que esta ala aporta al perfeccionista estricto incluyen, entre otros, los siguientes.

- Esa fuerte necesidad de corregir o mejorar a las personas, y las cosas se reducen significativamente.
- Puedes tener más puntos de vista, y ser más abierto y colaborativo.
- Hay una mayor sensación de relajación, confianza y aceptación.

Tipo Dos: el Donante también llamado el Ayudador

Este tipo de persona es naturalmente muy empático, atento y útil para los demás, de ahí el término "ayudador".

Piensa en una figura icónica como Diana-Princesa de Gales, o la Madre Teresa, y tendrás una buena comprensión de este tipo de personalidad. Si nos atreviéramos, incluso podríamos asignar este punto numerado a los arquetipos religiosos como Jesucristo.

Algunas cualidades son atribuidas a los de tipo dos. Rasgos de carácter como autenticidad, compasión, generosidad, posesividad, y afecto.

Dado que tienen una necesidad tan fuerte de amor, a menudo pueden volverse agradables hacia las personas.

Los de tipo dos tienen valores muy arraigados que se centran en sus relaciones, y ponen mucha energía en ellos, a medida que a veces pueden descuidar sus necesidades personales. Indudablemente se consideraría que los empáticos caen en esta categoría. Se agrupan como parte del Centro de los Sentimientos, siendo un tipo basado en emociones, y esto por desgracia lleva al sentimiento dominante de la vergüenza.

A menudo, una persona de esta categoría intentará enmascarar la vergüenza que está sintiendo, y esa sensación de no ser lo suficientemente bueno, al compensar en exceso sus interacciones con los demás para que las personas piensen de ellos como buenos.

Si eres una personalidad tipo dos, entonces es más probable que seas una esponja emocional que siempre experimenta más que otros, lo que te hace realmente bueno para dar y apoyar. Pero es posible que te hayas dado cuenta de que es un poco complicado darse o tomarse el tiempo para satisfacer tus necesidades. Estando en piloto automático, debes tener cuidado de no absorber las emociones, ya que esto desestabilizará tu sensación de estar centrado. Eres una persona cariñosa, comunicativa y naturalmente generosa, pero debes asegurarte de que no ocurra desde un lugar de dependencia.

Cómo mejorarte a ti mismo:

Haz del autocuidado y el amor propio una prioridad en tu vida. Entrénate para atender tus propias necesidades. Sé que decir que no y establecer límites es difícil, pero debes comenzar a reconocer cuándo establecer límites para tu propia protección mental, emocional, espiritual y física.

Tus Alas

El Ala Uno:

Regalos: algunos de los regalos que esta ala aporta al tipo donador incluyen, entre otros, los siguientes.

Puedes sentirte más influenciado por ser más generoso, y no solo por dar. Te es de ayuda el darte cuenta de que no tienes que hacer todo por cuenta propia.

Desafíos: algunos de los desafíos que esta ala trae al útil tipo ayudador incluyen, entre otros, los siguientes.

A medida que te involucras más con el trabajo y te involucras menos con tu yo interior, puedes terminar descuidando tus necesidades, y volverte adicto al trabajo. De ahí el peligro del orgullo excesivo como la razón de tu trabajo.

Tipo Tres: El Triunfador también conocido como el Ejecutante

El Triunfador, mejor conocido como el ejecutante, es el término dado para las personalidades de tipo tres. Si bien existen algunas similitudes entre el tipo uno y tres, una persona de esta categoría se ve impulsada más hacia el éxito, y lo mejor de la vida. Quieren ser admirados y validados.

Los tipos tres son esforzados, diligentes, y a veces, incluso un poco obsesivos, lo cual es excelente porque los mantiene activos hasta que logran sus objetivos. Ser el mejor es algo que realmente le preocupa a este tipo de personalidad, y es por eso que a menudo se convierten en los mejores en la industria elegida. Individuos como Muhammad Ali, Will Smith, Tom Cruise, Elon Musk y Oprah Winfrey sin duda serían clasificados como triunfadores en nuestro mundo moderno.

Las cualidades que posee esta persona pueden ser sobresalientes, y también pueden ser bastante dañinas si se centran en lo incorrecto. El deseo de ser el mejor en el trabajo, verse bien, demostrar éxito y ganar siempre puede hacer que un Tipo Tres sea súper competitivo, tenso e incluso puede llevarlos a pisotear a los demás con tal de salir adelante.

Ciertas cualidades se le atribuyen a este Tipo Tres, tales como: ser impulsivos, seguros de sí mismos, conscientes de una buena imagen, adaptables, enfocados, determinados, excelencia, enérgicos, y excelentes en liderazgo y comunicación. A este tipo de personalidad le encanta verse bien y, por lo general, es una persona inteligente y maravillosa para aprender cuando también quieras sobresalir en la vida. Tienen mucha energía y entusiasmo por la vida que muchos consideran contagioso, y esto realmente les ayuda conforme ascienden en la vida, o se vuelven exitosos por mérito propio.

También caen en el Centro de Pensamiento, lo que significa que la vergüenza es un tema emocional subyacente con el que tienen que lidiar de manera continua. Dado que los tres están tan enfocados en la imagen y el éxito externo, generalmente es difícil para él o ella saber cómo manejar las emociones, particularmente la vergüenza. Para los tipos tres, la negación es a menudo la opción preferida.

Su mecanismo de afrontamiento para encarar la vergüenza los esfuerza para convertirse en lo que ellos creen que es el individuo más valioso y exitoso posible, con la esperanza de que esto disuelva dicha inquietud, y sentimientos de vergüenza e insuficiencia subyacentes.

Si tienes la personalidad de tipo tres, la productividad, el alto rendimiento y la excelencia es lo que te impulsa. Te encanta ser el mejor y ser reconocido por ello. Siempre queriendo salir adelante, estás naturalmente motivado para sobresalir de aquellos que te rodean. No hay duda al respecto, piensas diferente, sueñas más grande que la mayoría, y tratas de lograr más que la mayoría de las personas. Tu energía a menudo es contagiosa, y a la gente generalmente le encanta estar cerca de ti, porque los motiva.

Cómo mejorarte a ti mismo:

Tómate un tiempo para evaluarte con regularidad, y obtener claridad sobre lo que significa para ti el verdadero éxito y felicidad. Mirar hacia adentro puede ser un poco aterrador, pero aquí es donde reside tu verdadero poder.

El éxito material no debe confundirse con la llenura y la autoestima, y debes extraer tu poder de la verdadera Fuente de Vida, y no del poder de la agencia. Los títulos, premios y validación externa no pueden ser tu verdadero valor. Y esa profunda sensación de significado que anhelas en tu vida no vendrá de los logros, razón por la cual tomarte el tiempo para entrar y descubrir quién eres realmente te permitirá emerger mejor, y ser más próspero en todos los ámbitos.

Tus Alas

Las dos Alas:

Regalos: Algunos de los regalos que esta ala aporta al tipo triunfador incluyen, entre otros, los siguientes: te permite apreciar a las personas y la contribución que hacen en tu vida.

- También te vuelve más consciente de tus necesidades, y ves el valor de priorizar las relaciones no laborales.

Desafíos: algunos de los desafíos que esta ala le brinda al tipo competitivo incluyen, entre otros, los siguientes.

- Puedes sentir mucha más desilusión y autocrítica si tus logros no son apreciados. Las personas agradables pueden afectar tus acciones.

El Ala Cuatro:

Regalos: algunos de los regalos que esta ala ofrece al tipo competitivo incluyen, entre otros, los siguientes.

- Uno de los mejores regalos que recibirás de esta ala es darte cuenta de que el autodesarrollo y el tiempo para comprender el mundo interior tienen un gran valor.

Tipo cuatro: el Romántico también llamado Individualista

Una persona del tipo cuatro se le conoce principalmente como individualista, pero también me gusta el término romántico.

Esta persona es súper creativa, ve la belleza y magnificencia en todo, y tiende a romantizar las cosas. Piensa en famosos como Oscar Wilde, Michael Jackson, William Shakespeare, o el poeta persa Hafiz, y ahora tienes una mejor idea de las personas que caerían en este tipo.

Las cualidades del carácter asociadas a este tipo de personalidad incluyen: creatividad, autenticidad, coraje, pasión y profundidad emocional.

Sin embargo, también pueden considerarse muy temperamentales, absortos y dramáticos. Los tipo cuatro tienen un sentido subyacente de melancolía, pues invariablemente sienten que les falta algo.

Los tipo cuatro anhelan ser entendidos y atesorados por quienes realmente son, pero regularmente se sienten incomprendidos y decepcionados. Tal persona creará un paisaje mental interno donde se sentiría más libre y sostenido como escapatoria del mundo duro y cruel que nunca "los entiende", ni sus sensibilidades.

Se ha dicho que la mayoría de los cuatro son artísticos, o muy artísticos como un medio de autoexpresión, pero si este es el caso o no, una personalidad tipo cuatro tenderá a sentir una gran decepción e insatisfacción ante el mundo, ya que se sienten diferentes y únicos de aquellos que no son como ellos. Y de alguna manera idealista intentarán encontrar y expresar integridad y belleza.

Siendo el tipo de personalidad más emotiva, tienden a luchar más con el emoción dominante de la vergüenza. Forman parte del Centro de Sentimientos, y sin duda, "sienten" profundamente, por lo que es probable que su malestar sea más pronunciado y más fácil de detectar. Sin embargo, intentan enmascarar esto enfocándose en lo únicos y especiales que son, a pesar de que esto puede llevar a sentir una montaña rusa de emociones al caer en una depresión profunda y otras emociones negativas hacia el otro extremo de la belleza, alegría, fantasía y creatividad inspirada.

Si eres una personalidad tipo cuatro, entonces valoras el individualismo y la autoexpresión. Te encanta ver a alguien compartir auténticamente sus sentimientos, pero notas que a veces puedes ser realmente cálido y acogedor, mientras que en otras ocasiones puedes sentirte seco y frio con las personas. Un día puede estar extasiado y poco después sumergirte en la depresión. La envidia y los celos a menudo se apoderan de ti a pesar de que no te gusta admitirlo.

Cómo mejorarte a ti mismo:

Ese crítico interno que a menudo es tan ruidoso necesita ser domesticado y silenciado. La culpa internalizada no es nada saludable para ti, y requiere un cambio en tu percepción y en cómo procesas las emociones y situaciones negativas.

 Aprende a decir tu verdad abiertamente sin perder el control de tus emociones. Encuentra una manera de equilibrar tu montaña rusa emocional para que puedas dejar de caer en el pozo de la desesperación y la depresión.

Tus alas

El Ala Dos:

Regalos: algunos de los regalos que esta ala aporta al tipo individualista, creativo, e intenso incluyen, entre otros, los siguientes.

- El deseo de tener éxito y verte bien, que proviene orgánicamente de esta ala, te ayuda a ser real. En resumen, eres más capaz de equilibrar tu mundo interior y exterior.

Desafíos:

Algunos de los desafíos que esta ala le trae al tipo creativo, intenso e individualista incluyen, entre otros, los siguientes.

- Hay una tendencia a querer arreglar a los demás y al mundo exterior en lugar de a ti mismo.
- Es más probable que te sientas agitado y deprimido a medida que aumenta la presión del rendimiento a lo largo de tu vida.

Tipo cinco: el Observador también llamado el Investigador

La personalidad del Observador, comúnmente conocida como Investigador, es generalmente brillante, altamente intelectual, interesada en aprender de manera continua, y se siente más cómoda en el ámbito del pensamiento. Este tipo de persona tiende a ser muy independiente y disfruta de la soledad. Disfrutan de reunir información, y observar patrones a su alrededor tratando de dar sentido a su mundo y entorno. Individuos como Albert Einstein, Nikola Tesla, Isaac Newton, y Marie Curie son solo algunos ejemplos de tales personas.

Algunas de las cualidades asociadas a los de tipo cinco son innovadoras, autosuficientes, aisladas, secretas, curiosas, perceptivas, académicas, tranquilas y reservadas. Son pensadores intensos e inteligentes, y disfrutan atendiendo los asuntos de su mente en lugar de tratar de encajar en el mundo.

Como tipos basados en la mente, los tipo cinco a menudo se separan de las relaciones, y muchos los consideran emocionalmente inexpresivos. Pero no todos. Algunos cinco se preocupan por la familia y las relaciones, pero lleva mucho tiempo recrear y perseguir sus pasiones. No les es fácil darse cuenta de lo que está sucediendo, y tienen una necesidad exagerada de privacidad.

La personalidad de tipo cinco cae en el grupo del 'Centro de Pensamiento', lo que hace que el miedo sea una de las emociones dominantes negativas con las que tienen que lidiar. El miedo a la insuficiencia es una de las grandes batallas que deben superar al tratar con el mundo exterior, pues se sienten incapaces de lidiar activamente con el mundo exterior. Quizá es por eso que tienden a separarse, ellos y sus propios sentimientos de los demás.

Los expertos dicen que a los cinco les gusta retraerse del mundo debido a su miedo inconsciente y la creencia de que al entrar en sus mentes y usar eso para penetrar en la naturaleza de nuestra sociedad, puedan relacionarse mejor con élla. Desafortunadamente, eso generalmente no funciona demasiado bien para ellos y en su temor de ser abrumados por personas o emociones, pueden parecer arrogantes y despectivos.

Si eres un tipo cinco, es probable que valores mucho el conocimiento y la educación continua, especialmente en los temas que te interesan. Algunas personas piensan que eres demasiado intelectual, y que a veces puedes ser bastante literal, pero realmente no te importa.

Las pequeñas charlas y los chismes te molestan y

prefieres el aislamiento. Tiendes a quedarte atrapado en tu cabeza, y prefieres pasar el rato con gente que te da mucho espacio para pensar. Te gusta ser minucioso en todo lo que haces, y disfrutas mucho de conversaciones profundas y significativas. De hecho, puedes hablar de ello con excelentes detalles técnicos por mucho tiempo cuando te apasiona algo. Reconectarte con las sensaciones y energía de tu cuerpo y corazón es una tarea, a pesar de saber que es bueno para ti, y sobre todo, la libertad personal y la autonomía te brinda un gran placer.

Cómo mejorarte a ti mismo:

Comienza aumentando la cantidad de tiempo que pasas reconectando con tu cuerpo y tus emociones. Tu habilidad para acceder a tu energía y las percepciones más altas del espíritu solo te fortalecerán.

Crea para ti mismo un entorno seguro donde puedas embarcarte regularmente en esta búsqueda, para que puedas combinar tu fuerza intelectual con tu fuerza espiritual.

Pon un poco más de esfuerzo en las relaciones que te interesan.

Hazles saber a tus seres queridos que te preocupas

por ellos, y expresa más tus sentimientos, incluso si te sientes un poco incómodo. Permítete sentir emociones como felicidad, estar enamorado, gratitud, afecto, etc. Esto abrirá un canal para que otros derramen lo mismo en tu vida, y te ayuden a lidiar con los sentimientos de soledad e insuficiencia que a veces resurgen.

Tus Alas

El Ala Dos:

Regalos: algunos de los regalos que esta ala aporta al tipo experto silencioso incluyen, entre otros, los siguientes.

- Tendrás la capacidad de conectarte más profundamente con grupos o equipos en los que confíes.

Tipo seis: El que Duda también conocido como el Escéptico Leal

Una personalidad tipo seis siempre está alerta y consciente de su entorno y responsabilidades. Conocer las reglas y proteger a quienes están bajo su cuidado es extremadamente importante para los seises. Son muy confiables y las personas que les importan valoran estar allí. Desafortunadamente, entre confiar y desconfiar de los demás, tienden a sentirse en conflicto. A menudo rebotan con una tendencia a dudar de sí mismos y cuestionar a otros entre escepticismo y certeza.

Son personas muy sobrias, y toman la resolución de problemas muy en serio, hasta el punto en que se convierte en una carga para ellos. Para un seis, la preocupación y la ansiedad son emociones comunes. En este tipo, siempre falta tranquilidad, y por lo general luchan con una profunda sensación de inseguridad. Si quieres tener una idea de las celebridades que podrían clasificarse como individuos de tipo seis, piensa en Ellen DeGeneres, Tom Hanks y Richard Nixon.

Algunas de las cualidades de carácter asociadas con el tipo seis incluyen: confiabilidad, responsabilidad, compromiso, y lealtad.

Los seis también caen en el 'Centro de Pensamiento', lo que hace que el miedo (que a menudo resulta ser preocupación y ansiedad) sea la emoción más dominante.

Los niveles de estrés para un seis siempre son altos,

y la preocupación parece ser un compañero constante, ya que su perspectiva de vida a menudo es bastante negativa. Se centrarán más en lo negativo que en lo positivo ante cualquier situación dada.

Si eres un tipo seis, tiendes a prestar mucha atención a las personas y problemas. Eres muy bueno anticipando problemas y creando soluciones, y en otros no te gusta la ambigüedad. Pero es posible que hayas notado de que puedes volverte muy pesimista, dudoso, e incluso proyectas sobre otras personas algunos de tus miedos. A veces te gusta jugar al abogado del diablo. A medida que creces, se vuelves más importante superar la desconexión entre la mente y el cuerpo, e incluso si eres cauteloso (e incluso fóbico), también muestras mucho valor al intentar avanzar, incluso cuando el miedo se aferra a ti.

Cómo mejorarte a ti mismo:

Encuentra maneras de lidiar con los efectos paralizantes del miedo en tu vida, y mejora al abordarlo directamente. Pide ayuda y apoyo a un experto o amigo de confianza.

Aprende a tomar las cosas con un corazón ligero.

Reconecta más con tu cuerpo y sentimientos, y crea

un espacio seguro para hacerlo, y así relajar tus procesos mentales, y ayudar en este nuevo experimento. Cuanto más cómodo y seguro te sientas mentalmente, más rápida y agradable será la conexión entre el cuerpo y la mente.

Tus Alas

El Ala Cinco:

Regalos: algunos de los regalos que esta ala aporta al tipo escéptico leal incluyen, entre otros, los siguientes.

- Esta ala te ayuda a tomar decisiones más razonables y sensatas. También te hace de mente abierta y capaz de ver múltiples perspectivas.
- También sentirás un sentido más profundo de confianza interna y autoconfianza como observador y autoridad en tu interés enfocado. Esto ayuda a erradicar la necesidad de buscar la validación de otros.

Desafíos:

Algunos de los desafíos que esta ala trae al tipo escéptico leal incluyen, entre otros, los siguientes.

- Esta ala puede amplificar tus temores y ansiedad, o cualquier sensación de insuficiencia que puedas tener.

- Podrás notar una tendencia a estar demasiado atrapado en tu cabeza, y no estar lo suficientemente alineado con tus sentimientos. Empiezas a ver más el bien, y te vuelves menos propenso a imaginar lo peor de las personas y el mundo en general.

- Podrás notar un cambio dentro y fuera de cómo te acercas a los demás, qué tan juguetón, alegre y entusiasta te sientes. Incluso es posible darte cuenta, e incluso reírte de tus propios miedos cuando los ves.

Desafíos:

Algunos de los desafíos que esta ala trae al tipo escéptico leal incluyen, entre otros, los siguientes.

- Esta ala amplificará la tendencia común al miedo, y evitará el dolor a toda costa. Esto puede llevarte a buscar todo tipo de distracciones no saludables, o a retraerte aún más de la vida.

- En cambio, puedes comenzar a evitar

confrontar problemas que requieren tu
atención, y buscar una escapatoria

Tipo siete: el Soñador también llamado Entusiasta

El soñador es espontáneo, un verdadero buscador de
placer, y le encanta vivir la vida al máximo.

Divertirse es la máxima prioridad de este tipo de
personalidad, y siempre buscan atrapar la próxima
aventura emocionante a la vuelta de la esquina.
También conocidos como entusiastas o epicúreos,
los tipo siete son tipos mentales que piensan a
futuro, y no se pueden limitar a una sola cosa. Creen
en oportunidades ilimitadas, y demuestra su
variedad de pasiones e intereses. Piensa en personas
como Steve Jobs, Robert Downey Jr., George Cloo-
ney, y Elton John. Creemos que definitivamente
caerían en este tipo de personalidad.

Algunas de las principales cualidades atribuidas a
aquellos en este tipo de personalidad incluyen: entusiasmo, espontaneidad, ingenio, aventura, diversión
optimista, y emoción.

Algunos siete son extrovertidos, aunque no todos
son excelentes comunicadores en general. Desafortunadamente, al ser de tipo mental, forman parte del

'Centro de Pensamiento' que hace que la emoción dominante negativa del miedo sea su mayor obstáculo a superar. Y aparece en la forma de evitar el dolor.

Como buscador de placer, un siete hará cualquier cosa para evitar el dolor, y a veces, buscará distracciones que se convierten en una indulgencia excesiva. Pero para evitar el sufrimiento, racionalizan y justifican esta tendencia a la baja. Además, a medida que cambian con tanta frecuencia a la próxima gran cosa, los sietes tienden a estar muy dispersos, lo que les dificulta sumergirse profundamente en una sola idea, o mantener el rumbo en las relaciones y en el trabajo. Una verdadera devoción es difícil para un siete porque creen mucho en "la próxima gran cosa", que les dificulta reducir su visión y concentrarse de todo corazón en una cosa.

Por lo general, se les conoce como "grandes habladores", y son propensos a la adicción y la sobreestimulación, que pueden ser en forma de uso de sustancias, juegos de azar, compras, búsqueda de aventuras. Es fácil realizar múltiples tareas y odias la sensación de constricción.

Todo lo que haces tiene que ser divertido porque es quién eres. Definitivamente eres un ser humano de pasiones múltiples, por lo que la idea comúnmente predicada de encontrar tu "única cosa" no tiene sentido para ti. Te encanta aprender cosas nuevas, y con un optimismo hacia la vida que otros realmente admiran.

Sin embargo, realmente no te importa "salvar la cara" o impresionar a la gente. Solo te importa hacer lo tuyo y pasar un momento épico. Puedes recuperarte muy rápidamente de las emociones y situaciones negativas. Pero en el fondo, te has dado cuenta de que no puedes soportar la experiencia del dolor, y te asusta. Los estados mentales negativos, la depresión y el sufrimiento son insoportables, ya sean propios o ajenos. La introspección no es algo que disfrutes, y atraviesas ciclos de ansiedad y desesperación que te llevan a buscar remedios a cualquier costo.

Cómo mejorarte a ti mismo:

Crea una estructura de soporte segura que te permita lidiar con tu dolor, pérdida, privación o cualquier otro sufrimiento que hayas evitado. Aprende a abrazar tu mundo interior, y a reconectarte con él.

Estate más presente en el momento, y encuentra paz

mental y comodidad sin recurrir a estimulantes. No será fácil, no digo que lo sea, pero puedes hacerlo.

Con tu nivel de inteligencia, ingenio, creatividad, fuerza natural y optimismo, puedes obtener la verdadera libertad y disfrutar de ser esa persona aventurera y en expansión que estabas destinada a ser mientras permaneces enraizado en tu verdadero ser.

Tus Alas

El Ala Seis:

Regalos: algunos de los regalos que esta ala ofrece al entusiasta incluyen, entre otros, los siguientes.

- Crea una sensación de seriedad y motiva tu deseo de libertad ilimitada.

Desafíos:

Algunos de los desafíos que esta ala podría traer al entusiasta incluyen, entre otros, los siguientes.

- Ese mayor sentido del deber podría comenzar a parecer una carga.
- Tus temores subyacentes pueden parecer amplificados, la duda puede aumentar y

puedes terminar sintiéndote culpable. Si tus deseos egoístas se combinan con una necesidad de satisfacción inmediata, entonces, en el nombre del placer y la ganancia, puedes correr el riesgo de ir demasiado lejos. Incluso si eso significa aprovechar al máximo a los demás para obtener lo que quieres.

- Puede volverte más envuelto en ti mismo, despreciar a los demás, y tratarlos con un aires de superioridad.

Tipo ocho: el Retador también llamado Líder

La mejor declaración para resumir este tipo de personalidad es "Soy el maestro de mi destino. Soy el capitán de mi alma". De hecho, este tipo de personalidad cree en tomar el control total de sus vidas y ser percibido como el líder, y protector poderoso y activo. La justicia, la equidad y la independencia para el tipo ocho son de gran valor. Lucharán con venganza si se equivocan.

Los ocho son tipos basados en el cuerpo que les da un apetito físico y fuerte, y fuertes instintos. Son audaces, activos en la toma de decisiones, les encanta ser independientes, y son personas muy intensas.

Una persona tipificada como un ocho generalmente desea una gran vida, y está lista para salir y luchar por ese deseo. En nuestro mundo moderno, personas como Donald Trump encarnan este tipo.

Algunas de las cualidades atribuidas a los ocho incluyen: autoconfianza, coraje, disposición, determinación, poder, generosidad y dominación.

Los ocho a veces pueden ser difíciles de lidiar, sobre todo si sus personalidades se han desarrollado de manera poco saludable. Están predispuestos a que el enojo sea su emoción dominante en el 'Centro Instintivo'. Los tipo ocho realmente saben cómo enojarse. Cada vez que no se salen con la suya, o las cosas salen mal, se enojan rápidamente y esa enojo puede convertirse rápidamente en ira y violencia física si no se controla.

Producen mucha energía para enfrentar los desafíos con la actitud mental y física correcta. Un sentido de debilidad es lo único que un ocho no puede soportar. La vulnerabilidad (basada en la definición según la sociedad) también es algo de lo que un tipo ocho se mantendría alejado, lo que dificulta tener una relación profunda e íntima con alguien ocho.

Aun necesitan sentirse en control y poderosos,

inclusive en sus relaciones íntimas. Los ocho son agresivos cuando se trata de proteger a su familia, amigos y cuidadores. Ellos irán a los confines de la tierra y harán lo que sea necesario para cumplir la misión.

Si eres una personalidad tipo ocho, habrás notado una tendencia a ser excesivo dentro de ti. Algunas personas te llaman mandón, incluso si no entiendes la razón. Lo ves como ser firme, enfocado, claro, asertivo, y llevar a los demás a la victoria.

La ociosidad, la debilidad, y la timidez son cosas que no puedes soportar en ti mismo, ni en los demás, y prefieres que la gente se dirija a ti directamente y con confianza. Puede enojarte al ser provocado, y tiendes a ser vengativo con las personas. Pero mantienes una mente abierta.

Cómo mejorarte a ti mismo:

Tienes mucha energía. Quizá el más enérgico de los nueve tipos, lo que significa que necesitas dirigir constructivamente esa energía. Incorpora algo de autocontrol a tu vida, y no permitas que tu reacción automática siga siendo enojo y agresión, solo por ser un hábito cómodo.

Redefine tu significado de vulnerabilidad, y aprende

a recibir amor y afecto. Solicita ayuda de alguien de confianza, o contrata a un experto si necesitas asistencia y apoyo personal. No es un tipo de debilidad. No te dejes atrapar por esta falsa creencia. Mejorarse es una forma de fortaleza, y te permite convertirte en un mejor líder y protector.

Tus Alas

El Ala Siete:

Regalos: algunos de los regalos que esta ala trae al controlador activo incluyen, entre otros, los siguientes.

- Aprovechar los regalos de esta ala te calmará, aumentará tu felicidad, y te ayudará a moverte con más entusiasmo por la vida. Te da un corazón ligero y disuelve parte de esa crueldad que a menudo gobierna tu vida.

- En lugar de ser un lobo solitario tratando de hacer todo por ti mismo, comenzarás a valorar el conectarte con otras personas, intercambiar ideas, expresar pensamientos, y representar tus fantasías de una manera más armoniosa.

Tipo Nueve: El Pacificador también llamó al Diplomático

Un tipo nueve generalmente es alguien que "se deja llevar por la corriente" en la vida. Sobre todo, valoran la armonía, la paz y el equilibrio, y hacen todo lo posible para evitar conflictos y rivalidades. Individuos como el Dalai Lama, la Reina Isabel II, Abraham Lincoln y Grace Kelly son excelentes ejemplos de personas de este tipo de personalidad.

Algunas de las cualidades esenciales asociadas con este tipo de personalidad incluyen: tolerancia, robustez, fiabilidad, solidez, tranquilidad y buena voluntad.

Los nueve son tipos basados en el cuerpo que les encanta llevarse bien con todos, y es increíble estar con ellos. Los nueve puede tolerar mucho y, por lo general, abordan cada situación de manera optimista. Les gusta ver lo mejor en los demás, y creen firmemente que las cosas siempre van a funcionar para lo mejor. Creen en un universo amigable y quieren tener una mente y corazón abierto lo más posible.

Se agrupan en el 'Centro Instintivo' para vigilar su tema emocional dominante. Toda esta calma, si no se controla, puede convertirse en algo oscuro y poco saludable. Y ocurre principalmente en forma de emociones reprimidas y negadas.

Debido al deseo inherente de ser un pacificador en el mundo, los nueves generalmente niegan las emociones amenazantes de ira que surgen con tanta frecuencia. Con sus impulsos instintivos y emociones dominantes en esta área, no están en contacto con dichas emociones. Su necesidad de evitar el conflicto a toda costa (incluido el conflicto interno) hace que sus sentimientos ocultos y desagradables se repriman. Un nueve también es propenso a la inacción y la dilación, especialmente cuando sienten emociones desagradables.

Si eres una personalidad de tipo nueve, entonces valoras la profunda conexión con el mundo, y aquellos que te importan. Tiendes a cambiar de forma conservadora, y a veces, luchas con falta de motivación. Estar en la naturaleza te da la sensación más satisfactoria

La gente piensa que eres cálido, cariñoso, confiable y atento. Esta tendencia de sacrificio, sin embargo, conlleva algunas desventajas significativas que no te gusta enfrentar, ya que causa molestias. Podrás notar que la gente te empieza a tomar por sentado, o a no valorar todo lo que haces por ellos, y puede ser muy desalentador. Tienes una tendencia a "olvidarte de ti mismo", ya que te fusionas fácilmente con otros, y se te dificulta mucho crear barreras personales.

Cómo mejorarte a ti mismo:

Anímate a correr más riesgos en la vida. Crea un espacio seguro en tu vida donde puedas entrenarte para integrar la armonía y el conflicto, para que dejes de evitarlos todo el tiempo.

Presta más atención a tus propias necesidades, y aprende a establecer límites claros. Vuelve a conectar con tus emociones, y abraza la incomodidad del conflicto o la ira tal como aparece dentro de ti, para que puedas manejarlo con valentía. En lugar de suprimir las emociones negativas que aparecen. Date tiempo y espacio para procesar todos tus sentimientos.

Con tus principales prioridades, se más estructurado y estratégico. Si se trata de ser más organizado, pide ayuda o adquiere una de las varias herramientas modernas para ayudarte a priorizar mejor las actividades a diario.

Tus Alas

El Ala Ocho:

Regalos: algunos de los regalos que esta ala aporta al pacificador adaptativo incluyen, entre otros, los siguientes.

- La influencia positiva que esta ala tiene en tu personalidad central como pacificador. Te ayudará a construir una estructura alrededor de tu vida y actividades. Desarrollarás una perspectiva más centrada, y llevarás una vida basada en principios.
- En lugar de aceptar la disfunción como la forma de vida estándar, te sentirás capacitado para participar más activamente en cambiar las cosas que salen mal. Estarás más orientado a la acción, pero vendrá de un lugar de propósito y certeza.

Desafíos:

Algunos de los desafíos que esta ala trae al pacificador adaptativo incluyen, entre otros, los siguientes:

- La creciente necesidad de hacer lo correcto y hacer que el mundo sea perfecto puede llevar a una mayor dilación y distracción. El miedo a no hacerlo bien puede convertirse en un gran obstáculo.

- Puedes quedar atrapado en la trampa de hacer lo que "deberías hacer", o lo que se espera que hagas, en lugar de lo que realmente quieres hacer.

SECCIÓN III:

*I*nstintos, subtipos y variantes dentro de la herramienta del Eneagrama de personalidad

8

PROFUNDIZANDO EN QUIÉN ERES REALMENTE

*A*l igual que los animales, nosotros como humanos hemos seguido evolucionando como seres físicos y conativos. Nuestra evolución nos ha requerido desarrollar estrategias que nos permitirán sobrevivir y extender la vida de nuestra especie en este planeta. Lo que hace el Eneagrama es facilitar una mejor comprensión de las estrategias instintivas que hemos desarrollado como seres humanos, y nos muestra cómo afecta el comportamiento de una persona de diferentes maneras. Esto es más que solo conocer tu tipo de personalidad; se trata de tirar de la cortina de las influencias que te llevan a actuar como lo haces.

Hay tres instintos humanos básicos según los maestros del Eneagrama, y de estos tres vemos una sección detallada de cómo estos instintos interactúan y se combinan con los nueve tipos de personalidad. Estos son:

- Instinto para la autoconservación.
- Instinto social.
- Instinto sexual.

Los tres instintos están dentro de nosotros, y a menudo, gobiernan inconscientemente detrás de nuestras estrategias de vida. Si bien estos tres siempre están presentes, uno tiende a dominar más, y tendemos a priorizar y desarrollar ese impulso particular, mientras que el otro tiende a ser menos dominante. Y dado que no tenemos como prioridad hacer sobresalir al menos dominante, este tiende a convertirse en nuestro punto ciego.

Piensa en estos tres instintos como si fueran un pastel con capas. En la parte superior tenemos el más controlador, en el medio tenemos el segundo que soporta el predominante, y en la parte inferior tenemos el instinto menos desarrollado.

Una vez más, incluso aquí encontramos algún conflicto con algunas escuelas que afirman que no deberían denominarse subtipos, mientras que otras enseñan que en realidad son subtipos del sistema de los nueve puntos. De cualquier manera, no nos importa la etiqueta. Solo nos preocupa cómo podemos entender mejor quiénes somos, y por qué estamos actuando como lo hacemos. El instinto primario con el que nos identificamos, en combinación con nuestro tipo de personalidad de Eneagrama, ayuda a dar forma a nuestro camino de vida y las elecciones que hacemos.

Dado que ese es nuestro enfoque principal, después de una breve comprensión de lo que implica cada instinto, nos sumergiremos en cada una de las veintisiete combinaciones.

Instinto de la autoconservación:

La necesidad de preservar nuestro cuerpo y su fuerza vital. Manténte alejado de las amenazas. Esto incluye nuestras necesidades humanas básicas de alimento, vivienda, ropa, calidez y relaciones familiares.

Este instinto está meramente enfocado en el bienestar físico, la seguridad, la seguridad de lo material, y la comodidad cotidiana. Cada vez que el medio ambiente amenaza nuestras necesidades básicas, podemos usar el acaparamiento de recursos y energía para preservar lo que tenemos como resultado de la amenaza externa. Podemos considerar esto como el instinto primario básico que poseen todas las criaturas. El impulso por la supervivencia y la autoconservación.

Instinto social:

Este instinto social también se llama instinto "adaptativo".

Es la necesidad de llevarse bien con los demás y formar lazos sociales seguros. Se trata de crear un sentido de pertenencia a tu alrededor.

Hoy vemos esto mucho en las redes sociales con membresía, y en comunidades emergentes donde personas con ideas afines (que sienten la necesidad de pertenecer) se reúnen. Se trata de enfocar la energía en trabajar para propósitos compartidos, o para el bien común.

Este instinto tiene mucho que ver con ser parte de algo que resuena contigo donde te sientes seguro, escuchado, y valorado dentro de ese grupo y comunidad.

Instinto sexual:

El instinto sexual también se llama instinto de "atracción".

Es la necesidad universal de procrear y transmitir nuestros genes para continuar. Gobierna nuestra sexualidad, intimidad y las amistades cercanas que apreciamos.

Este instinto también dirige la vitalidad de la fuerza vital dentro de nuestros cuerpos. Se enfoca en la intensidad y la pasión contenida en las experiencias, y en una relación uno a uno que nos lleva a buscar oportunidades que prometen fuertes alianzas, sinergias y conexiones profundas.

Este instinto a menudo se limita a la intimidad sexual, pero está destinado a ser mucho más. Definitivamente se trata de proyectarse en el entorno y experimentar relaciones íntimas que sean placenteras, y de extender tu ADN, pero también puede tratarse de transmitir ideas que te ayuden a crear un legado que va mucho más allá de tu alcance físico.

Cuando interponemos estos tres instintos de comportamiento humano junto a todo lo que hemos hablado hasta ahora, el resultado final es una combinación de doce. El conjunto de combinaciones que se incluye en nuestro tipo de personalidad más dominante nos ayuda a conectarnos con las complejidades de nuestro comportamiento y preferencias diarias.

"Estos instintos se relacionan con la inteligencia instintiva fundamental que se desarrolla dentro de cada uno de nosotros para garantizar nuestra supervivencia como individuos y como especie humana.

Los avances recientes de la investigación en neurociencia han confirmado la inteligencia fuerte y a menudo invisible.

Instinto de Auto conservación	Instinto Social	Instinto Sexual
La necesidad de preservar nuestro cuerpo y su fuerza vital. Mantenerse alejado de las amenazas. Esto incluye nuestras necesidades humanas básicas de alimentación, vivienda, ropa, calidez y relaciones familiares.	La necesidad de llevarnos con otros y formar lazos sociales seguros. Se trata de crear un sentido de pertenencia	La necesidad universal de procrearse y de mantener a la raza humana de generación en generación. Gobierna nuestra sexualidad, intimidad, y las amistades cercanas que atesoramos, además de nuestro legado.
Tipo 1: El Perfeccionista / Reformador	Tipo 1: El Perfeccionista / Reformador	Tipo 1: El Perfeccionista/ Reformador
*Ansiedad	*No-adaptable	*Celos
Tipo 2: El Dador / Ayudador	Tipo 2: El Dador / Ayudador	Tipo 2: El Dador / Ayudador
*Privilegio	*Ambición	*Seducción o Agresión
Tipo 3: El Triunfador / Ejecutante	Tipo 3: El Triunfador / Ejecutante	Tipo 3: El Triunfador / Ejecutante
*Seguridad	*Prestigio	*Carisma
Tipo 4: El Romántico / Individualista	Tipo 4: El Romántico / Individualista	Tipo 4: El Romántico/ Individualista
*Audacia	*Vergüenza	*Competencia
Tipo 5: El Observador / Investigador	Tipo 5: El Observador / Investigador	Tipo 5: El Observador / Investigador
*Castillo	*Símbolos	*Confidente
Tipo 6: El Leal / Dudoso	Tipo 6: El Leal/ Dudoso	Tipo 6: El Leal/ Dudoso
*Calidez	*Deber	*Guerrero
Tipo 7: El Entusiasta / Soñador	Tipo 7: El Entusiasta / Soñador	Tipo 7: El Entusiasta / Soñador
*Red de personas	*Sacrificio	*Fascinación
Tipo 8: El Retador / Líder	Tipo 8: El Retador / Líder	Tipo 8: El Retador / Líder
*Supervivencia	*Amistad	*Posesividad
Tipo 9: El Pacificador / Diplomático	Tipo 9: El Pacificador / Diplomático	Tipo 9: El Pacificador / Diplomático
*Buen Apetito	*Participación	*Fusión

Personalidad tipo uno: el perfeccionista también llamado reformador

Instinto de autoconservación:

El impulso básico del personaje aquí se proyectará como ansiedad.

Este es el perfeccionista que está constantemente preocupado y que busca controlar todo. Su ansiedad hace que constantemente intenten anticipar riesgos, y les gusta estar preparados para todo. Para ellos, la atención al detalle es probablemente un eufemismo. Por lo general, son muy duros con ellos mismos y se toman las cosas bastante en serio.

Este subtipo prefiere evitar expresar enojo incluso si lo sienten, y cuando se interrumpen, a menudo experimentarán y mostrarán una gran frustración. El subtipo de tipo uno tiene una crítica interna muy fuerte y tiende a amplificar su ansiedad y preocupación.

Instinto social:

El impulso de carácter básico aquí se proyectará como No adaptabilidad.

La equidad y hacer las cosas bien motiva este

subtipo. Son pensadores sistemáticos, establecen altos estándares para sí mismos y para los demás, y les gusta ser un ejemplo de integridad y conducta basada en principios.

Practican mucho el autocontrol, y pueden ser muy amigables al estar en su propia zona de confort. Debido a que son tan lineales y ven todo en blanco y negro, les puede ser difícil adaptarse a un nuevo entorno o situación, correcta o incorrecta. También pueden volverse muy resentidos y críticos con aquellos que no se ajustan a su idea correcta.

Instinto sexual:

El impulso de carácter básico aquí se proyectará como celos.

Este subtipo será altamente intenso, apasionado, y mantendrá altos estándares de autocontrol. Tienen una visión idealista de cómo deberían ser las cosas, y tienden a querer reformar a los demás y adaptarlos a "lo que es correcto".

La ira y el enojo serán expresadas directamente por aquellos que caen en este subtipo, especialmente si sus esfuerzos por mejorar a los demás están restringidos. También dan prioridad a la atención de su pareja, y en general son muy celosos de su pareja, o de otras personas que pareciera irles mejor.

2. Personalidad tipo dos: el donante también llamado el ayudante

Instinto de autoconservación:

El impulso principal aquí se proyectará como Privilegio.

Este tipo dos se siente privilegiado y único en cierta manera porque invierten mucho en crear relaciones cálidas y enriquecedoras. Pasan mucho tiempo cuidando a otros y apoyándolos. Como tal, existe una tendencia a hacerse homónimos, e incluso desarrollan una actitud orgullosa que requiere de privilegios especiales y aprobación como resultado de la atención.

Son "agradables" con un espíritu infantil altamente activo. A este tipo dos le gusta que lo cuiden, pero no les gusta mucho los compromisos a largo plazo. El miedo al rechazo es muy importante para este subtipo, y pueden experimentar mucho dolor y abandono cuando no se satisfacen sus necesidades.

Instinto social:

El impulso principal aquí se proyectará como Ambición.

Formar las alianzas correctas y tener grandes aliados es esencial para este subtipo porque quieren construir su autoestima a través de logros visibles, y logros sociales. Disfrutan asumiendo roles de liderazgo y destacando entre la multitud. Disfrutan "estar en" y desarrollan su influencia en función de las conexiones que forman, así como de sus habilidades.

Aquellos en este subtipo no demuestran activamente un espíritu infantil (al menos no tanto como en los tipo dos), y tienden a tener una estrategia de dar más de lo que reciben. Buscar reconocimiento a través de la ambición es más pronunciado en este tipo de dos personalidades.

Instinto sexual:

El impulso básico del personaje aquí se proyectará como Seducción y / o agresión.

Este tipo dos enfocará todas sus energías, habilidades, y habilidades seductoras para formar y fomentar relaciones poderosas e íntimas.

Este tipo de persona es apasionada, resistente, decidida y dispuesta. Son muy devotos en sus relaciones personales, y no les gusta aceptar un no por respuesta.

Este tipo dos usa la seducción, que puede llegar a convertirse en agresión si va demasiado lejos, para obtener la atención y el reconocimiento deseado.

Aunque les gusta usar el lenguaje corporal y tonos sentimentales que podrían verse como seductores, no necesariamente implica un deseo sexual.}

3. El Triunfador también llamado el Ejecutante

Instinto de autoconservación:

El impulso básico aquí se proyectará como Seguridad.

Esta variación de tipo tres está altamente enfocada en el logro y la creación de éxito material para sí mismo. Este tipo de persona evita ser visto como orientado a la imagen, y no le gusta anunciar abiertamente sus fortalezas. Pero sigue siendo muy importante para ellos tener éxito y obtener reconocimiento por su arduo trabajo. El éxito financiero y la creación de una sensación de seguridad a su alrededor es una prioridad enorme para este subtipo.

Trabajan muy duro y les gusta mantener altos estándares y una buena imagen de éxito. Este subtipo tres tiene una gran cantidad de energía y tiende a lograr mucho.

El peligro real para ellos es que a menudo pierden contacto con su "yo" auténtico al perseguir todo ese éxito, y son propensos a crear identidades falsas y valorarse a sí mismos en base a su rol laboral, o estatus social.

Instinto social:

El impulso básico aquí se proyectará como Prestigio.

Esta variación de tipo tres está más interesada en validar y recibir un gran respaldo social. Anhelan el poder, trabajan duro para "conocer a las personas adecuadas", y se centran mucho en obtener poderosos puestos de liderazgo en el gobierno, o en las empresas.

Prestigio, elogios, e influencia es lo que este subtipo buscará principalmente, y por lo general se entrenan para adaptarse a las normas y requisitos sociales de los equipos u organizaciones si les ayuda a ganar influencia y poder. Son altamente competitivos, y les encanta ser el centro de atención.

Este subtipo en particular no tendrá problemas para

dar a conocer sus ideas y logros con confianza. A diferencia del tipo tres, que prefiere no anunciar sus logros y éxitos, este subtipo realmente llegaría al extremo para dar a conocer los suyos. Y para encubrir cualquier cosa que no se alinee con esa "imagen perfecta del éxito".

Instinto sexual:

El impulso principal aquí se proyectará como Carisma.

El poder personal y la identificación de género, así como todos los problemas que surgen de ello, impulsan principalmente tres variaciones de este tipo. Tienen mucho que ver con la masculinidad y la feminidad. Tener una vida de "estrella de cine", que implica tener la imagen exterior perfecta es lo que sacude tu mundo. También son muy entusiastas y carismáticos, lo que los hace muy agradables.

Es muy importante ser atractivo para los demás, ya sea como hombre o mujer. Pero también disfrutan de apoyar a otros en su éxito, y a menudo tienen esa actitud entusiasta de, "si tienes éxito, yo triunfo".

El mayor desafío para este subtipo, a pesar de seguir siendo muy competitivo, carismático y poderoso en el exterior, es que aquellos que caen en el camino poco saludable, a menudo luchan en silencio con sentimientos confusos sobre su sexualidad. Afrontar tales conflictos puede ser difícil, ya que hay tanto esfuerzo para aparecer como un artista poderoso.

4. El romántico también se llama individualista.

Instinto de autoconservación:

El impulso básico del personaje aquí se proyectará como Intrepidez.

Esta variación de tipo cuatro expresará menos sus emociones sin dejar de ser muy sensible e idealista. En cierto sentido, podríamos decir que los tres subtipos son los menos dramáticos. Pero eso no significa que no experimenten tales emociones tumultuosas, solo quieren ser vistos como alguien que no se queja.

La verdad es que este tipo de persona acaba de entrenarse para vivir con dolor y sufrimiento. Saben cómo internalizar las emociones negativas, y prefieren ser lo suficientemente fuertes como para lidiar con cualquier cosa que se presente. A comparación con los otros subtipos, es menos probable que se abran y compartan sus sentimientos con los demás, pero esto no significa que les falte empatía.

De hecho, se esfuerzan mucho por alcanzar y apoyar a quienes sufren a su alrededor.

Este subtipo es muy creativo y profundamente ansioso de experimentar una vida auténtica, aunque eso a veces significa ser un poco imprudente. No tendrán problemas para empacar y mudarse a un entorno completamente nuevo si su detonante de autoconservación los hace sentir como si una experiencia auténtica estuviera en otro lugar.

El mayor desafío para de esta variante del tipo de personalidad es la tensión que a menudo se crea entre el deseo de construir seguridad material en sus vidas, mientras permanecen completamente separados de todo. De hecho, una persona de este subtipo encuentra consuelo en sufrir y expresarlo a otros. Esto tiende a generar atención, apoyo y, a veces, admiración de los demás.

A menudo se sienten inadecuados ante situaciones sociales, y fácilmente envidian el estatus social de otros, o cuando se encuentran con aquellos que parecen haber encontrado un lugar al que "pertenecen". Un sentido de pertenencia realmente los impulsa, y se esfuerzan por establecer un rol social aceptable donde puedan ser celestiales. Su mayor problema es poder superar la vergüenza social que a menudo sienten, y siempre hay un conflicto interno oculto porque constantemente dudan de sí mismos, y luchan con sentimientos de inferioridad. Una persona de este subtipo notará una tendencia a culpar a los demás, a compararse con los demás, y a luchar constantemente con una profunda vergüenza y envidia.

Instinto sexual:

El impulso básico del personaje será la competencia.

Si al subtipo anterior se le puede llamar vergonzoso, entonces a variación de personalidad se le puede llamar 'desvergonzado'.

Este subtipo es muy ruidoso y vocal sobre acerca de satisfacer sus necesidades. Con mucho vigor, expresan sus emociones y deseos. Es lo que yo llamo la reina o el rey del drama clásico. Son muy exigentes y altamente competitivos. Dado a que creen en evaluarse a sí mismos en base a cómo se relacionan con otras personas, la competencia es una motivación importante para este subtipo, y harán cualquier cosa para vencer a la competencia.

Desafortunadamente, esta competitividad proviene de un lugar de inseguridad profundamente arrai-gada, y sentimientos de insuficiencia. Para este subtipo, los bloqueos y problemas personales siempre están resurgiendo, ya que su sentido de valor y valor está directamente relacionado con vencer a aquellos que consideran fuertes y poderosos.

5. El Observador también llamado el Investigador.

Instinto de autoconservación:

El impuso básico del personaje aquí se proyectará en forma de El Castillo.

Esta variación en la personalidad está impulsada por la necesidad de ser muy protector del lugar al que llaman hogar. Su espacio personal y privacidad están mucho más allá de los límites, y no tienen dificultad para establecer límites claros para todos. Disfrutan de vivir una vida cómoda y relativamente solitaria con algunos amigos cercanos.

Una persona de este subtipo preferiría sentarse y observar la vida social en lugar de participar activamente en ella. Son muy cautelosos e independientes al elegir cortar la intimidad para no bajar la guardia y perder esa sensación de privacidad y seguridad.

Tener un refugio seguro a donde puedan retraerse y refugiarse del mundo es esencial para este subtipo. Y dado que también les gusta la reclusión, tener sufi- cientes proviciones siempre es una preocupación para ellos, lo que a menudo lleva a que se acumule y viva un estilo de vida minimalista.

Sin embargo, algunos subtipos van al otro extremo y eligen hacer su 'castillo' donde sea que estén, y terminan viajando para siempre, o moviéndose de un lugar a otro. Tienden a ser introvertidos, pero no todos, y prefieren no revelar gran parte de su mundo interior.

Instinto social:

El impulso base humano aquí se proyectará en forma de símbolos.

Esta variación del tipo de personalidad es brillante, y hambrienta de más conocimiento. Su enfoque principal es buscar el significado y las respuestas a los problemas más importantes de la vida. Toman poco o nada de placer en lidiar con trivialidades todos los días. Su hambre de dominio y la comprensión de símbolos sagrados y el lenguaje, los lleva por travesías que rara vez son seguidos por seres humanos ordinarios.

A este subtipo le encanta conectarse y relacionarse con otras mentes brillantes y expertos que comparten sus ideas, y ansían un mayor conocimiento. Por desgracia, a menudo se atascan demasiado en el pensamiento crítico, el análisis y la interpretación, que ocasiona un obstáculo en su capacidad de participar activamente con los demás.

Una persona de este subtipo tiende a ser muy privada, solitaria y tranquila, no está dispuesta a compartir su espacio personal o sus recursos internos, pero al mismo tiempo, cuando se les motiva a hablar de un tema que les apasiona, pueden animarse mucho, hablar prolongadamente y con gran entusiasmo. Es casi como si pudieran pasar de ser completamente introvertidos a ser enérgicamente extrovertidos al presionar un botón.

Instinto sexual:

El impuso básico de personajes aquí se proyecta en forma de El Confidente.

Esta variación de tipo cinco es la más relacionada y conectada con la persona. También les encanta mantener las cosas confidenciales, pero con este ligero cambio. Un subtipo cinco, confidente en una relación privada uno a uno, se abrirá y compartirá información íntima sobre su mundo interior y su estado de ánimo. Pero solo para unos pocos seleccionados que se someten a una serie de pruebas de lealtad por primera vez.

Este subtipo posee los rasgos de carácter más geniales y analíticos y, aunque sigue siendo súper secreto y reservado, una vez que encuentran esa "química compartida" con otro, se abren y disfrutan de la confianza y la conexión que tal relación les permite.

El principal desafío con el que lucha este subtipo es la creatividad de la tensión.

El que Duda también llamado el Leal

Instinto de la autoconservación:

El impulso básico aquí se proyectará como calidez.

Esta variación de tipo seis es muy cariñosa y cálida. Pero sus miedos, ansiedad e inseguridad son muy pronunciados. Intentan superarlo construyendo relaciones y vínculos fuertes que los ayudarán a sentirse seguros.

A menudo encontrarás que un evento de la infancia pudo haber creado un gran dolor reprimido que hace que tengas mucho miedo de correr riesgos, o cometer errores. Como resultado, este subtipo preferirá reprimir sus emociones negativas, en particular porque lo ven como una forma mejor y más cautelosa de manejar tales sentimientos, sobre todo si creen que pondrían en peligro la calidez de una relación que realmente necesitan.

A una persona de este subtipo no le gusta sentirse "excluida", y lucha por compartir sus opiniones abiertamente. Prefieren permanecer dentro de límites bien establecidos, y asumir riesgos no es fácil.

Instinto social:

El impulso básico del personaje aquí se proyectará como Un Sentido del Deber

Esta variación de personalidad tipo seis está muy centrada y preocupada por cumplir con el deber propio. Para aquellos que pertenecen a este subtipo, la integridad, la equidad y la responsabilidad son muy importantes. Creen en defender al "pequeño hombre" y defender a los débiles.

Este subtipo es altamente racional y dedicado en su trabajo, y elige seguir las reglas y procedimientos establecidos en su entorno. Tienden a ser más blancos y negros, se conectan con ideales sociales, y disfrutan trabajando hacia una causa mayor.

Una persona de este subtipo está muy preocupada

en conocer las reglas, y asegurarse de que todos entiendan su rol, con demasiada frecuencia crean acuerdos claros con colegas y amigos para evitar confusiones o disputas innecesarias. El gran desafío es el miedo al rechazo que a menudo se acumula desde el interior, y el profundo sentido de responsabilidad que conlleva su propio deber, que puede convertirse en un llamado o una carga para ellos, dependiendo de cómo desarrollen su personalidad.

Instinto sexual:

El impulso básico del personaje aquí se proyectará como El Guerrero.

Esta variación particular del tipo de personalidad tiene dos estilos. El primer estilo se basa en superar la tendencia del miedo a través de la fuerza física y de voluntad, y en las hazañas. También se puede ver en la obtención de poder intelectual.

Al crear belleza en su entorno, se ve el segundo estilo. Canalizando su idealismo y perspicacia para crear belleza con la esperanza de que les ayudará a sentirse más en control y estables.

Ambos estilos dentro de este subtipo indican una asertividad audaz que a menudo lleva a la intimidación. Una persona de este subtipo, sin duda, tendrá muchas dudas, miedo e inestabilidad, y a menudo tratará de evitarlo o superarlo yendo directamente hacia él, con un enfoque hacia la fuerza o la belleza. Esta necesidad de seguridad y poder a menudo nubla la capacidad de conectar con nuestras propias emociones, y lleva a una gran lucha contra la vulnerabilidad.

7. El Soñador también llamó al Entusiasta.

Instinto de autoconservación:

El impulso fundamental aquí se proyectará en forma de Redes.

A esta variación del tipo de personalidad le encanta tener cosas buenas en la vida, y está rodeada de relaciones ricas, belleza, conversaciones divertidas y entretenimiento.

Les encanta planificar proyectos o eventos divertidos, preparar comidas elaboradas, ir a cenar. A pesar de estar más interesados en la familia y los amigos, su enfoque enérgico y entusiasta de la vida, y las personas, los hace excelentes para fomentar una relación "familiar" que se va mucho más allá de los lienzos de sangre. Lo que los motiva es asegurarse de que todos lo hagan bien, y tengan la mejor experiencia con ellos.

Una persona de este subtipo suele ser muy buena para obtener lo que quiere, y justificar o defender lo que quiere hacer. El mayor desafío es la tendencia a exagerar las cosas, a ser egoístas, o excederse de alguna forma en las comidas, conversaciones, compras, o estimulantes.

Instinto social:

El impulso básico del personajes aquí se proyectará como Sacrificio.

Este subtipo tiende a actuar contra la característica común de insaciabilidad mostrada por los otros siete. Son generosos y tienen un fuerte deseo de ser alguien en el mundo, y hacer la diferencia. Les complace sacrificar sus propias necesidades para satisfacer las necesidades del grupo, la familia, la organización o la persona a la que apoyan. Tienen una visión utópica de la vida, que generalmente les sirve bien.

Sin embargo, este subtipo experimenta una corriente subyacente de dependencia, pues necesitan amigos, y otras personas o proyectos grupales para expresarse y sentir que están haciendo algo significativo. En secreto esperan ser reconocidos y apreciados por los sacrificios que hacen en toda su naturaleza de sacrificio.

Una persona de este subtipo es muy generosa, visionaria en su pensamiento, se enfoca más en los demás, y se siente atraída por cualquier cosa que busque satisfacer una causa mayor. Su principal desafío es la tendencia a juzgar mucho a los demás y a sí mismos cada vez que perciben una sensación de egoísmo.

Instinto sexual:

El impulso básico aquí se proyectará como Fascinación.

Aquí encontramos al soñador clásico e idealista. Esta variante del tipo de personalidad ve el mundo por medio de filtros color de rosa. Inmediatamente se sienten atraídos ante nuevas ideas, nuevas personas, y potenciales aventuras, y caen en un estado de fascinación de inmediato. Pero esta sugestibilidad funciona en ambos sentidos.

Este subtipo no solo se fascina con facilidad, sino que también es fascinante hacia los demás. Su encanto puede ser muy persuasivo e irresistible, lo que hace que esas personas sean excelentes cuando se trata de ventas y servicio al cliente.

Una persona de este subtipo ve lo bueno en todo y siempre está entusiasmada y optimista. Siempre están conectados a la corriente de infinitas posibilidades.

El principal desafío es lidiar con cosas que consideran aburridas, insignificantes, y predecibles. Las condiciones, los individuos, e incluso un mundo aburrido son completamente inaceptables y se convierten en una fuente de frustración.

8. El Retador también llamado el Líder

Instinto de autoconservación:

El impulso básico del personaje aquí se proyectará como Supervivencia.

Esta variación de la personalidad estará más orientada y centrada en la supervivencia y la protección de las personas bajo su cuidado. Más enfocado en garantizar el éxito y la seguridad en bienes materiales. Estos subtipo ocho son agresivos y excesivos en sus tendencias.

Una actitud mental típica es "ganar o morir luchando". Por lo general, este subtipo se ve como una personalidad muy poderosa, productiva y directa que nunca admite situaciones simplemente porque las cosas se ponen difíciles. También protegen muy ferozmente a su familia y amigos, y a menudo son vistos como el pilar fuerte que mantiene unidas las cosas.

Una persona de este subtipo es segura, poderosa, directa y generalmente asumirá el papel de tutor, padre o madre. Están muy preocupados en protegerse a sí mismos, sus alrededores, y a quienes están bajo su cuidado. La supervivencia es una preocupación importante en todo momento.

Instinto social:

El impuso básico del personaje aquí se proyectará como una camaradería.

Esta variación de personalidad de ocho todavía tiene la misma agresión y exceso de tipo ocho, pero se puede canalizar de manera diferente. Una sensación de injusticia e impotencia es activa entre las personas que caen en este subtipo, que intentan resolver formando grupos o alianzas a las que están muy dedicados.

Se centran más en causas sociales y prefieren ser el líder del grupo o alianza, sirviendo a las personas para una misión superior. La injusticia, o el abuso de poder desencadenan sus sensibilidades, y sienten la necesidad de proteger contra aquellas cosas bajo su influencia. Prefieren apoyar a otros en lugar de afirmar sus propias necesidades personales.

Una persona de este subtipo generalmente elegirá mediar su ira aprovechando esa energía para satisfacer las necesidades de los miembros de la comunidad a la que sirven. También querrán ser el "escudo" que protege fielmente a su tribu de la autoridad injusta, o cualquier otro tipo de peligro.

Instinto sexual:

El impulso fundamental del personaje aquí se proyectará como posesividad.

Esta variación de tipo ocho exige control sobre los demás, y les encanta poseer lo que sea que deseen. Les gusta ser rebeldes y no temen romper las reglas. La impulsividad gobierna este subtipo, y las personas muy intensas generalmente siempre están listas para interrumpir las cosas y provocar cambios. Nunca evitarán desafiar el statu quo, y deberán impulsar el cambio, ganar poder e influencia sobre los demás.

Cuando se trata de intimar, la agresión y posesión aún está muy pronunciada, a menudo queriendo dominar por completo a la pareja.

Una persona de este subtipo tendrá las mismas cualidades agresivas y excesivas que todos los tipos ocho, pero con una calidad distinta. Tienden a llevarlo demasiado lejos.

Existe un hambre de poseer, que puede ser bueno si está enfocado a una buena causa. Pero si se dirige hacia algo perjudicial para ellos y para otros, también puede ser peligroso. A veces, este subtipo de personalidad puede estar dispuesto a soltar y a rendirse si sienten un deseo lo suficientemente fuerte de tener un compañero que satisfaga sus necesidades.

9. El Pacificador también llamado el Diplomático.

Instinto de autoconservación:

El impulso básico del personaje aquí se proyectará como un Fuerte Apetito.

Esta variación de personalidad es algo similar a un subtipo de ocho donde están muy centrados en sí mismos y preocupados por satisfacer las necesidades físicas.

La provisión de bienes materiales y confort diario es muy importante. Quienes caen en este subtipo tienen un gran apetito por la comida y en poseer cosas.

Una persona es a menudo una coleccionista en este subtipo. Muy enfocada en satisfacer sus necesidades personales y brindar comodidad con lo material. Les encanta el tiempo a solas, y pueden volverse muy irritables si alguien amenaza su sentido de equilibrio, o interrumpe los ritmos diarios que apoyan su vida instintiva. La abundancia material es a menudo más importante que el crecimiento personal o espiritual.

Instinto social:

El impulso básico se proyectará como una Fuerte Necesidad de Participar.

Esta variación de la personalidad en los nueve es el tipo más amable, desinteresado y cálido. Aquellos que están en este subtipo suelen ser fuertes, confiables, siempre en armonía con los demás, y hacen un gran trabajo mezclándose con las actividades de sus amigos, o los diferentes grupos sociales de los que forman parte.

Este subtipo, que a menudo muestra excelentes habilidades de liderazgo y una contribución desinteresada, se posicionará como el mediador o facilitador que les resulta natural. Su motivo instintivo es ser parte de un grupo más amplio, o el benefactor de la comunidad. No les gusta cargar a otros con sus luchas personales, por lo que generalmente mantienen una actitud feliz, y se centran en las necesidades y roles de otras personas.

Una persona de este subtipo está más interesada en sentir que está participando en algo significativo. Trabajan duro para hacer felices a sus seres queridos, y dispuestos a hacer los sacrificios necesarios para satisfacer las necesidades de las personas bajo su cuidado.

Son afectuosos y amigables para hacer todo lo posible para ser un pilar confiable y concreto para aquellos bajo su cuidado, incluso si eso significa descuidar su propio dolor y luchas.

Instinto sexual:

El carácter fundamental que impulsa aquí la unión con los demás es su motivo instintivo, que puede ser sexual o espiritual con otra persona, naturaleza o vida misma.

Este anhelo profundo a veces puede ser caótico, o puede ser la entrada hacia una experiencia trascendental. Cuando se asocian con otros, tienden a sentirse más cómodos y seguros y, por lo general, no pueden estar solos. Como resultado, puede haber una tendencia a aceptar las demandas de otras personas y excluir sus preferencias personales.

Una persona de este subtipo suele ser muy cálida y cariñosa con un profundo deseo de fusionar. Su desafío más importante es hacer esto práctico en la vida diaria, y mantener los límites personales, así como enfocarse en uno mismo.

Cómo determinar tu subtipo:

Antes de pasar a la siguiente sección, he aquí algunos consejos sobre cómo reconocer tu subtipo. Esto podría ser fácil para algunas personas. Puedes hacer la prueba del Eneagrama en cuestión de minutos y determinar tu centro y subtipos. Si ese eres tú, excelente. Estás listo. Simplemente aplica todo lo que has aprendido a medida que avanzas en la vida.

Sin embargo, si no tienes tanta suerte y aún te sientes perdido, confundido, e incluso incapaz de descubrir tu subtipo al instante, puedo ayudarte. No estás solo. Esto es algo que le está sucediendo a muchas personas. Requiere más estudio y exploración con el tiempo, así que deja que el proceso evolucione naturalmente.

Creo que todos nos identificamos con los tres impulsos instintivos hasta cierto punto. Entonces descubres que eso es solo saber que no hay nada malo contigo. Después de todo, en cada uno de nosotros, todos existen. Pero, ¿qué es lo más importante para ti en general? Esta es la claridad que necesitas.

Los subtipos del Eneagrama no están destinados a ser una ciencia precisa. Más bien, tienen el propósito de evocar un tema específico y hacerte consciente de las diversas estaciones en tu vida, y los diferentes motivos que influyen en tus elecciones. La herramienta de personalidad Eneagrama es un sistema dinámico orientado al crecimiento, y está destinado a ser un inventario personal que tiene como objetivo identificar las motivaciones y fortalezas de tus miedos básicos para que a través de una trayectoria específica pueda facilitar tu crecimiento personal.

Si puede comenzar identificando con seguridad tu tipo primario y el centro de inteligencia principal (una de las tríadas), podrás descubrirlo. A medida que determinas con qué te identificas, evitas volverte demasiado rígido al respecto.

Mira el diagrama que comparto a continuación. Se te debe proporcionar una representación visual de tus subtipos. Puedes elegir primero identificándote con el centro instintivo más atractivo. Por ejemplo: si te sientes realmente impulsado por el instinto social y la necesidad de pertenecer o luchar por una causa mayor dentro de un grupo, entonces puedes concentrarte en el instinto social, y unir tu tipo del Eneagrama con el subtipo correspondiente.

Instinto de Auto conservación	Instinto Social	Instinto Sexual
La necesidad de preservar nuestro cuerpo y su fuerza vital. Mantenerse alejado de las amenazas. Esto incluye nuestras necesidades humanas básicas de alimentación, vivienda, ropa, calidez y relaciones familiares.	La necesidad de llevarnos con otros y formar lazos sociales seguros. Se trata de crear un sentido de pertenencia	La necesidad universal de procrearse y de mantener a la raza humana de generación en generación. Gobierna nuestra sexualidad, intimidad, y las amistades cercanas que atesoramos, además de nuestro legado.
Tipo 1: El Perfeccionista / Reformador	Tipo 1: El Perfeccionista / Reformador	Tipo 1: El Perfeccionista/ Reformador
*Ansiedad	*No-adaptable	*Celos
Tipo 2: El Dador / Ayudador	Tipo 2: El Dador / Ayudador	Tipo 2: El Dador / Ayudador
*Privilegio	*Ambición	*Seducción o Agresión
Tipo 3: El Triunfador / Ejecutante	Tipo 3: El Triunfador / Ejecutante	Tipo 3: El Triunfador / Ejecutante
*Seguridad	*Prestigio	*Carisma
Tipo 4: El Romántico / Individualista	Tipo 4: El Romántico / Individualista	Tipo 4: El Romántico/ Individualista
*Audacia	*Vergüenza	*Competencia
Tipo 5: El Observador / Investigador	Tipo 5: El Observador / Investigador	Tipo 5: El Observador / Investigador
*Castillo	*Símbolos	*Confidente
Tipo 6: El Leal / Dudoso	Tipo 6: El Leal/ Dudoso	Tipo 6: El Leal/ Dudoso
*Calidez	*Deber	*Guerrero
Tipo 7: El Entusiasta / Soñador	Tipo 7: El Entusiasta / Soñador	Tipo 7: El Entusiasta / Soñador
*Red de personas	*Sacrificio	*Fascinación
Tipo 8: El Retador / Líder	Tipo 8: El Retador / Líder	Tipo 8: El Retador / Líder
*Supervivencia	*Amistad	*Posesividad
Tipo 9: El Pacificador / Diplomático	Tipo 9: El Pacificador / Diplomático	Tipo 9: El Pacificador / Diplomático
*Buen Apetito	*Participación	*Fusión

Si eso no parece arrojar resultados claros, intenta un enfoque diferente. Dentro de los subtipos que más resuenan contigo, puedes elegir escribir los nueve conjuntos. Probablemente te sentirás más atraído por uno de los conjuntos de nueve términos que los otros dos. El que más te atraiga debe ser el título instintivo que mejor describa tus hábitos, preocupaciones, y ansiedades a largo plazo.

Al principio, mi amiga Joanna estaba luchando por identificar su subtipo. Ella pensó que era una personalidad del Eneagrama de tipo cuatro, teniendo como subtipo dominante el instinto de autoconservación. Su esposo no estaba de acuerdo. Esto creó algunas dudas en ella, y antes de que finalmente se sintiera cómoda con su tipo y subtipo de Eneagrama elegido, requirió de muchos estudios y una profunda reflexión. Quizá al principio tengas que hacer lo mismo. Continúa y deja que los dibujos a continuación te guíen hacia tu verdad.

SECCIÓN IV:

Usando el Eneagrama para Enriquecer Tu Vida

9

INTEGRANDO UNA HERRAMIENTA
ANTIGUA A UNA VIDA MODERNA

*E*s innegable que el modelo del Eneagrama es tan simple como sumamente complejo.

Las capas en el sistema del Eneagrama como se muestra en el capítulo anterior se diseccionan. Afortunadamente para ti, no te llevará una década.

De hecho, todo lo que necesitas para iniciar tu autodescubrimiento es hacer una prueba para conocer tu tipo en el sistema de nueve puntos, y descubrir tu subtipo, de modo que puedas estar bien encaminado hacia revelaciones profundas sobre tu comportamiento, tus fortalezas y como crecer.

Cuanto más entiendas por qué haces lo que haces, más fácil será para ti. Por lo menos, tendrás una nueva visión para interactuar y comprender a aquellos que conoces en tu vida cotidiana. Ese es el poder del Eneagrama.

Este sistema, transmitido por generaciones desde la antigüedad hasta los tiempos modernos, puede convertirse en una herramienta útil para tu crecimiento personal, resolución de conflictos e incluso desarrollo de personajes.

¿Hay áreas en tu vida con las que has estado luchando?

¿Tienes relaciones dolorosas solo porque no parecieras ser capaz de hacer que funcionen como crees que deberían? ¿Hay personas en tu trabajo, o no pueden verse cara a cara en el hogar, pero sabes que solo tienen que encontrar una manera de llevarse bien debido a los compromisos que has contraído?

¿Es tu cuerpo el que simplemente no pareciera escuchar o responder positivamente a algo que intentas hacer?

Todos estos problemas pueden mejorarse con el uso de esta herramienta.

10

ACELERANDO TU CRECIMIENTO
PERSONAL Y AUTOEXPRESIÓN

*E*l crecimiento personal y la autoexpresión son tan esenciales como respirar para nosotros como seres humanos.

Todos estos problemas pueden mejorarse con el uso de esta herramienta. El deseo de autoexpresión surge naturalmente una vez que aseguramos las necesidades básicas que nos ayudan a sentirnos seguros y cómodos. Estás destinado a ser parte de nuestra evolución y autorrealización.

La autoexpresión no significa necesariamente que el arte se produce, escribe, realiza o nada de eso. Puede incluir eso para algunas personas, pero en esencia, se trata de comunicar tu verdad, y usar el lenguaje corporal, tu trabajo y acciones, y cómo interactúas y te involucras en tu mundo con los demás. Esto también incluye cómo te viste, cómo conduces tu automóvil, cómo decoras tu hogar, etc.

El principal desafío en el crecimiento personal y la autoexpresión se produce cuando sientes que hay un bloqueo o una falta de inspiración y creatividad para superar algo que quieres retratar a otra persona de alguna manera.

Si alguna vez has estado en una situación en la que realmente querías expresar algo que pesaba en tu corazón, pero por alguna razón no has podido sacar esta emoción.

Este es un problema común cuando aun no entendemos los motivos, instintos y comportamientos que afectan a nuestras personalidades. Es posible que tengamos una idea de lo que queremos comunicar, pero nos falta ejecución o una demostración completa.

El otro día estaba viendo un programa de cocina, y una de las concursantes que competía para ganar $ 10,000 comenzó a llorar cuando su pastel no se parecía en nada al que ella había imaginado en su mente. Incluso los jueces tuvieron dificultades para calificarla porque podían ver su angustia, y el hecho de que no podía manifestar la idea creativa que tenía al comienzo de la competencia.

La razón por la cual la herramienta de personalidad Eneagrama funciona tan bien en mejorar la vida de las personas es porque les ayuda a comprender mejor sus fortalezas, obsesiones, impulsos instintivos y señales de advertencia. Esta herramienta también destaca los temores subyacentes que a menudo guían nuestro comportamiento

Don Richard Riso y Russ Hudson revelan los nueve temores centrales que todos debemos estar conscientes en "La Sabiduría del Eneagrama."

Tipo uno: miedo a ser malvado o corrupto.

Este tipo de personalidad se esfuerza por ser moralmente recto y virtuoso frente a la corrupción externa. Tienden a ser perfeccionistas, sudando incluso por detalles mínimos en todo momento. Y su miedo subyacente es la corrupción. Por lo tanto, lo que los motiva a ser meticulosos y a tomar acciones virtuales es por la necesidad de demostrar que el miedo está mal. Motivados por su propio sentido de integridad, las personas del tipo de personalidad uno se esforzarán constantemente en alejarse de la corrupción hacia la virtud.

Tipo dos: miedo a no ser querido o no deseado por otros

Este tipo de personalidad se esfuerza por ser amado y deseado por quienes lo rodean. Dan, nutren, e invierten gran parte de su tiempo, esfuerzo y recursos para cultivar relaciones a fin de superar el miedo inherente a no ser amados. Los donativos y ayuda que provienen de aquellos con el tipo de personalidad dos, vienen de un lugar donde demuestran que merecen ser deseados y amados por los demás por dar demasiado. Se esforzarán constantemente por alejarse de la inutilidad, y hacia relaciones que fomenten el amor mutuo y el cuidado.

Tipo tres: miedo a ser inútil e insatisfecho

Este tipo de personalidad tiene como objetivo lograr el éxito y el status quo como la medida correcta de su propio valor. El miedo subyacente aquí es una sensación de inutilidad inherente a él. Este tipo siente que no son deseables aparte de sus logros y, por lo tanto, deben lograr tanto como sea posible para ser deseados y aceptados por otros. Se esforzarán por pasar continuamente de la inutilidad hacia logros impresionantes donde puedan ganar una gran admiración y respeto.

Tipo cuatro: miedo a carecer de una identidad única, especial y significativa.

Con este tipo de personalidad viene la necesidad de demostrar a los demás su singularidad e individualidad. El temor subyacente en el tipo de personalidad cuatro es que serían indignos y desagradables si fueran "ordinarios" o "promedio". Como tal, buscan crear una identidad única para demostrar su significado en el mundo.

Los que tienen una personalidad tipo cuatro se mueven constantemente de lo normal a las expresiones de individualidad e intensidad. Temen estar indefensos, abrumados, e incapaces de lidiar con el mundo que los rodea. Como resultado, intentan aprender tanto como pueden y dominar todo lo que pueden para sentirse seguros, capacitados y capaces de manejar el mundo. Aquellos en este tipo de personalidad se esfuerzan constantemente por alejarse de la ignorancia y la ambigüedad hacia el conocimiento y la comprensión.

Tipo seis: Miedo a estar sin apoyo u orientación.

Esta personalidad tipo seis se esfuerza por encontrar orientación y apoyo de quienes los rodean. Su miedo subyacente es que ellos mismos no puedan sobrevivir. Como tal, siempre buscan el mayor apoyo y dirección de otras personas como sea posible. Quienes caen en este tipo de personalidad se esfuerzan constantemente por alejarse del aislamiento y dirigirse a la estructura, seguridad, y orientación de otras personas.

Tipo siete: miedo a la privación y al dolor

Esta personalidad tipo siete se esfuerza por lograr sus deseos más salvajes y encontrar satisfacción. Su preocupación subyacente es que sus necesidades y deseos no serán satisfechos por otros. Más bien, sienten que tienen que ir y perseguir por su cuenta lo que quieren. Aquellos en este tipo de personalidad se esfuerzan por alejarse del dolor, la tristeza y la impotencia hacia la independencia, la felicidad y la satisfacción.

Tipo 8: miedo a ser herido, o controlado por otros

Este tipo de personalidad se esfuerza por ser independiente, poderosa, influyente y autodirigida. Su principal preocupación es ser traicionado, controlado o violado de otra manera. Este tipo de personalidad no puede ser controlada, ni estar a merced de los demás. Solo al tener el control de sus circunstancias se sienten bien y seguros. Quienes caen en este tipo de personalidad se alejan constantemente de las limitaciones externas, y hacia la autosuficiencia y el poder.

Tipo nueve: miedo a la pérdida y la separación de los demás.

Este tipo de personalidad se esfuerza por mantener la armonía y la paz tanto interna como externamente. Su miedo subyacente es que sean separados de los demás y desconectados. Temen que el mundo a su alrededor pierda su sintonía. Como tal, harán todo lo posible para vivir en armonía con otras personas y el mundo que les rodea, pues esto crea una sensación de seguridad y conexion. Aquellos con este tipo de personalidad generalmente se esfuerzan por alejarse del conflicto y el dolor hacia la estabilidad, la paz y la armonía.

Al comprender tu tipo principal de Eneagrama, tus miedos básicos y subtipo, tus dones naturales son completamente apreciados, y las limitaciones no son tan misteriosas.

Se vuelve más fácil encontrar satisfacción en tu trabajo y relaciones. Estarás mejor equipado para manejar situaciones, entornos hostiles y comportamientos impulsivos. Por ejemplo, si sientes un profundo deseo de que otros sientan una actitud positiva hacia ti, quizá tengas problemas para saber cuándo decir "no" a algo, porque estás predispuesto a querer complacer a las personas. Entonces, si te piden que hagas turnos dobles en el trabajo, podrías decir "sí", incluso si te duele. Ante tal situación, aprender a decir "no" sería la respuesta más saludable y satisfactoria, sin embargo, solo tendrías esta conciencia de tí mismo si realmente entendieras más sobre tu tipo de personalidad.

Algunas personas pueden detectar rápidamente sus personalidades primarias y subtipos, mientras que lleva tiempo, estudio y auto-reflexión constante para los demás. No se cuánto tiempo te llevará, pero te animo a que comiences, porque cuanto antes lo hagas, más rápido podrás crear una vida más saludable y equilibrada. Antes de pasar al impacto y al beneficio de usar esta herramienta y los conocimientos adquiridos para mejorar tus relaciones, te invito a tomar la prueba del Eneagrama y descubrir tu tipo primario, así como tus alas, centro, y subtipo.

11

PRUEBA DEL ENEAGRAMA

*H*agamos un breve repaso a los principales tipos de personalidad antes de pasar a la prueba interactiva en línea:

Tipo 1: Reformador

Si ese eres tú, entonces no tienes duda. Tienes un propósito específico, fijas altos estándares para ti, y eres muy autocontrolado.

Tipo dos: Ayudador

Si ese es tu tipo principal, entonces te impulsa la necesidad de que otros sean amados y atendidos. Eres generoso, compasivo, humilde y edificante. Existe un profundo deseo de sentirte amado y aceptado, y a veces tal regalo se puede hacer en un esfuerzo por asegurar ese estado de amor.

Tipo tres: Alcanzar

Si este es tu tipo principal, entonces estás más enfocado en ser el mejor. Deseas que otros te perciban como exitoso. Por lo general, eres muy asertivo, ganar es todo y es muy importante para tu imagen personal.

Tipo cuatro: Romántico

Si ese es tu tipo principal, entonces tienes un ojo impecable para la belleza en todo lo que haces. Estás más en sintonía con tus emociones y las de los demás, y a veces puedes ser bastante dramático. Eres un romántico de corazón, y un santuario para ser atesorado es tu mundo de fantasía interior.

Tipo cinco: Observador

Si ese es tu tipo principal, concéntrate en el conocimiento y obtén más conocimiento. Con un profundo deseo de nuevas ideas y un mayor entendimiento, eres muy intelectual. Puedes articular nuevos paradigmas de una manera visionaria, y aunque prefieres el aislamiento, cuando te invitan a hablar sobre un tema, puedes ser muy acogedor y comprometido.

Tipo seis: Leal

Si este es tu tipo de personalidad central, entonces estás lleno de valor. Eres seguro de ti mismo, y confiable. A menudo luchas con la duda y dudas de los demás, lo que puede crear una montaña rusa de emociones para ti, pero estás muy comprometido y decisivo cuando no tienes dudas.

Tipo 7: Entusiasta

Si ese es tu tipo principal, entonces lo tuyo es diversión y espontaneidad. Estar cerca de ti es divertido, entretenido y agradable. Tienes una perspectiva muy positiva y saboreas la riqueza del mundo. Sin embargo, tiendes a distraerte fácilmente, y siempre pareciera que te mueves a la próxima aventura emocionante, pero si no estás disperso o distraído, tienes el potencial de enormes logros.

Tipo 8: Retador

Si este es tu tipo principal, ¡entonces eres intenso! Te gusta estar con otros directamente. Te preocupa la productividad, la alta energía, y la excelencia en tu trabajo. Eres autodeterminado, generoso y tienes un gran corazón. Otros generalmente te perciben como muy poderoso, lo que a veces puede hacer que parezca algo intimidante y controlador, especialmente cuando intentas obtener control e influencia sobre los demás.

Tipo nueve: Pacificador

La paz y la armonía son tu principal impulsor si caes en una personalidad tipo nueve. Eres auténtico, sin pretensiones y paciente, te llevas bien con todos, te encanta servir a los demás y priorizas tus necesidades. En tu mejor momento, puedes reconocer, alentar y ayudar a sacar lo mejor de los demás.

Haz la prueba ahora, y una vez que tengas los resultados, regresa a la sección II para leer una descripción más detallada de tu tipo, luego pasa a la sección III para averiguar qué tipo de pastel con capas tienes.

Para acceder a la prueba, simplemente copia y pega el siguiente enlace en tu navegador:

https://bit.ly/2xEWljI

¿Recuerdas lo que hablamos acerca de que los subtipos son como capas de un pastel que todos tenemos?

Significa que ya tienes los tres instintos básicos, pero uno será más dominante. Al descubrir cómo está dividido tu pastel, comenzarás a estar más consciente en tus elecciones diarias, y algunos de tus impulsos, reacciones y experiencias tendrán más sentido.

Eres un tipo de personalidad combinada con tus alas y centro, así como tus instintos básicos divididos, ahora te brindan una comprensión detallada de lo que te hace funcionar. Y qué liberación se convierte a medida que avanzas para mejorar tus relaciones con los demás.

12

CULTIVANDO RELACIONES
AMOROSAS Y SALUDABLES

*C*ultivar relaciones saludables, y que nutran es vital para todos nosotros. Pero sabemos lo difícil que puede ser con demandas constantes, sobre todo en nuestra sociedad moderna. Es por eso que elegir tus relaciones sabiamente es aún más crítico que nunca.

Las personas con las que te asocia e inviertes tu energía, tanto personal como profesionalmente, impactan tu bienestar y éxito directamente. Es por eso que te animo a mejorar con las personas adecuadas a tu alrededor. ¿Pero quién es la persona adecuada?

En particular, al introducirse combinaciones del tipo de Eneagrama, un punto crítico a recordar aquí es que ningún emparejamiento es particularmente bendecido o condenado a funcionar. El error que tantas personas cometen es evitar o infravalorar todos los otros tipos una vez que aprenden sobre estas combinaciones del Eneagrama. Centrarte en una combinación particular no garantiza que estarás feliz, nutrido, y enamorado.

Lo que quieres lograr es otro objetivo. Quieres asegurarte de que tanto tu como la persona interesada muestren las versiones saludables de sus tipos. Mientras dos de ustedes (sin importar el tipo) estén saludables, será increíble experimentar juntos.

Esto no siempre es la norma, desafortunadamente. Ahí es donde se juega con el autodescubrimiento y la educación superior. Cuanto mejor estés informado sobre el tipo, el nivel de salud, y las tendencias de la otra persona, mayor será tu comprensión de la relación. Es una gran herramienta para ayudarte a profundizar tus relaciones, ya que los hará conscientes de sus comportamientos. Una vez que arrojes a la luz tus miedos, motivos y tendencias naturales subyacentes, así como sobre tus dones, tendrás la opción de responder a las relaciones en tu vida.

Independientemente de tus necesidades actuales de relaciones, ya sea construir relaciones profesionales saludables con los clientes, o cultivar una relación apasionada e íntima con tu pareja. Te ayudará a amar más en el presente y a tener una experiencia más sólida en tu verdadera naturaleza. Finalmente, cuando actúas por miedo, y cuando actúas por tu propia verdad, podrás reconocer. También te permitirá discernir los deseos de tu verdadero yo, y los que son superficiales.

Se vuelve fácil amar y vivir en armonía con los demás una vez que tienes tal nivel de claridad y autoconciencia. En lugar de reaccionar cuando las cosas no salen como quieres en una relación, te sentirás capacitado para reaccionar con amor, apoyo, ánimo y sacar lo mejor de los demás. También te convertirás en un mejor comunicador, que es más importante. Y todos sabemos lo importante que es la comunicación en una relación sana.

Una de mis mejores amigas ha experimentado recientemente el poder de usar esta herramienta del Eneagrama para ayudarla tanto a su autodescubrimiento como el de su prometido.

No hay duda en su mente de cuánto Tom la ama. Es el hombre más generoso, cálido, agradecido, cuidadoso, juguetón y cariñoso que haya conocido. Son la pareja perfecta porque su personalidad parece ser complementada por él. Ella dice: "Me siento tan amada y especial cuando estoy con él. No hay nadie más con quien me gustaría casarme, pero a veces puede ser algo controlador, necesitado e insincero, y realmente creó fricción entre nosotros".

Eso fue antes de sugerirles que ambos estudiaran el Eneagrama. Ella ya había tomado el examen, por lo que no era una idea demasiado descabellada, pero antes de que Tom aceptara, tomó un poco de convencimiento. Ella me dijo que su relación se había transformado por completo en menos de un mes. Ha encontrado nuevas formas de mostrar su amor, y siente más compasión cuando aparecen algunas de sus debilidades.

Han aumentado su nivel de intimidad y comunicación. Sobre todo, sus conductas ya no son tanto como un enemigo misterioso que intenta sabotear el amor del otro. Solo puedo suponer que sus autodescubrimientos enriquecerán aún más su futuro matrimonio.

Aunque elegiré centrarme más en las relaciones personales e íntimas, el mismo concepto se puede aplicar a cualquier relación con la que desees trabajar.

Devolviendo la magia del amor apasionado:

No hay nada más emocionante que encontrar a alguien que "te atrape". Cuando hayas descubierto tu tipo de Eneagrama y lo uses para mejorar, y engrandecer quién eres realmente, cambiará la forma en que abordas las relaciones para siempre.

Esta no es una lectura del horóscopo, sino una herramienta para determinar el mejor tipo de personas que complementarán y mejorarán toda tu vida. No digo que sea una ciencia exacta, pero cuando aprendas sobre los tipos de personalidad de tus seres queridos, te sorprenderá lo armoniosas que serán tus relaciones. Las tendencias que generalmente te impiden tener relaciones saludables contigo mismo y con los demás ya no serán un misterio. Después de todo, cuanto más feliz seas, más fácil será cultivar relaciones saludables.

Tipos de combinación sugeridos del Instituto de Eneagrama:

Hay algunas ideas sobre las relaciones para cada tipo que podrían ser un excelente punto de partida si buscas nuevas relaciones amorosas para manifestar:

Tipo 1: El Perfeccionista o El Reformador

Mejores tipos de combinación: 1 2 3 4 5 6 7 8 9

Tipo 2: El Ayudador o El Dador

Mejores tipos de combinación: 1 2 3 4 5 6 7 8 9

Tipo 3: El Triunfador o El Ejecutante

Mejores tipos de combinación: 1 2 3 4 5 6 7 8 9

Tipo 4: El Romántico o El Individualista

Mejores tipos de combinación: 1 2 3 4 5 6 7 8 9

Tipo 5: El Observador o El Investigador

Mejores tipos de combinación: 1 2 3 4 5 6 7 8 9

Tipo 6: El Leal o El que Duda

Mejores tipos de combinación: 1 2 3 4 5 6 7 8 9

Tipo 7: El Entusiasta o El Soñador

Mejores tipos de combinación: 1 2 3 4 5 6 7 8 9

Tipo 8: El Retador o El Líder

Mejores tipos de combinación: 1 2 3 4 5 6 7 8 9

Tipo 9: El Pacificador o El Diplomático

Mejores tipos de combinación: 1 2 3 4 5 6 7 8 9

Sé que es difícil de escuchar, pero si dejas de pelear y te relajas de vez en cuando, el mundo no se derrumbará. Libera la necesidad de monitorear constantemente cada resultado. También es genial compartir tus valores y motivaciones fundamentales abiertamente con tus seres queridos. Hazles saber cuánto les importas, e invítalos a esa visión para mejorar el mundo. Aquellos que "te atrapan" harán más que solo alentar tus tendencias y apoyarlas.

Tipo dos: el Dador

Después de descubrir que eres cálido, empático y motivado por la necesidad de ser amado y necesitado, esta es tu sugerencia para una relación.

Combate el impulso de saltar siempre y solucionar los problemas de otras personas, incluso si eres bueno en ello. Aprende a estar allí sin estar demasiado absorto en su mundo para tu pareja y, a menudo, sal de la caja para estar en contacto con tus sentimientos. Pregúntate: "¿Cómo estoy?"

Tipo tres: el Triunfador

Al descubrir que eres motivado por el éxito, ganar a lo grande y estar enfocado hacia un alto rendimiento y productividad, esta es tu sugerencia para una relación.

Tienes mucho que ofrecer, no solo el éxito material y el estatus social. Conéctate a ese "más" que tienes. No siempre estás obligado por el aprecio y el valor de alguien por tus logros. Aprende a hacer conexiones auténticas, y no tengas miedo de profundizar e ir más alla del prestigio y éxito material que tienes.

Tipo cuatro: el Romántico

Después de descubrir que eres un romántico natural con buen ojo para la belleza, y que eres más creativo y expresivo que la mayoría, esta es tu sugerencia para una relación.

Aprende a tomar el control de tus emociones, o ellas te controlarán a ti, y crearán problemas constantes. Sin consumirte, puedes ser más consciente de tus emociones. Como sabes, existe la tendencia de ser una reina o rey del drama, y de ser particularmente sensible al sentirte incomprendido, comunícalo a tu ser querido y ayúdalo a conocer ese lado tuyo para que, cuando ocurra, ellos también puedan responder en consecuencia. Usa tu poder de percepción para ponerte en la piel de la persona que amas para que puedas ver las cosas desde su perspectiva, para que siempre sepas qué hacer ante cualquier situación.

Tipo cinco: el Observador

Después de descubrir que eres el tipo reservado y analítico, motivado por el hambre de obtener más conocimiento, aquí está tu sugerencia para una relación. ¡Solo hazlo! No te preocupes de ser "atraído" por alguien más donde la química se alinea. Tus sentimientos no son demasiado para ser tratados por otra persona, y tienes lo necesario para ser bueno en esto. Aprende a reconectarte más con tu corazón para saber cuándo es el momento de cambiar de cabeza, hacia el corazón.

Tipo seis: el Leal

Después de descubrir que eres el tipo práctico, comprometido, pero siempre ansioso, aquí tienes tu sugerencia para tu relación.

No todos tienen una "agenda oculta". Sé que es difícil de escuchar y te está costando ser optimista, pero no te hará sentir optimista. Tu capacidad de ser un gran y leal amigo, siempre confiable, es un poder que no debe subestimarse en nuestro mundo moderno en particular. Aprenda a usar este poder para construir un vínculo robusto y confiable con otra persona importante.

Tipo 7: El Entusiasta

Con el nuevo descubrimiento como el tipo divertido, espontáneo y motivado por el placer en busca de experiencias que te estimulen, aquí está tu consejo de relación.

Tu actitud positiva y amante de la diversión es contagiosa y siempre atraerás a grandes personas hacia ti, pero debes hacerlo. Encuentre el valor para enfrentar lo que podría llevarte a actividades que son inquietantes y superficiales. ¿Acaso es tan malo saber que estás comprometido con la persona adecuada? Tienes tanta grandeza y sabiduría que ofrecer que comienzas a trabajar para estar más enfocado en el cuerpo y la mente.

Tipo 8: el Retador

No hay duda al respecto, eres feroz e intenso. Eres poderoso, lleno de energía, fuerte y motivado por la necesidad de controlar a los de abajo y protegerlos. Aquí hay un consejo de relación que puede ayudarte a cultivar conexiones increíbles.

La vulnerabilidad no es algo malo en sus ojos, especialmente con la persona que amas. Ten el derecho a expresar cualquier emoción que surja de ti. El "tu" verdadero puede ser lidiado por personas que te aman. El verdadero poder que posees es la capacidad de mostrar fuerza y ternura cuando la situación lo exija. No te detengas ni luches contra esos raros momentos, ya que se convierten en tus momentos más mágicos con la persona que amas.

Tipo Nueve: El Pacificador

Al descubrir que eres el tipo tranquilo y armonioso que siempre se lleva bien con todos, aquí esta nuestro consejo para ti.

Sí, eres un pacificador, pero no siempre tienes que "conformarte" con algo si realmente no lo quieres. Y siendo el maravilloso mediador que eres, incluso si difieres, puede ser más fácil expresar tus necesidades y deseos a otra persona. Aunque te haga sentir incómodo, tienes permiso para expresar una opinión contrastante a tu pareja. El que realmente te ama apreciará aún más tu conocimiento del estado de ánimo y la perspectiva de las cosas. ¡Entonces, di tu verdad!

13

MAPEANDO TU CAMINO MÁS ALEGRE Y

omo dijimos al principio de nuestra travesía hacia el autodescubrimiento y comprensión del Eneagrama, este sistema se basa en una práctica antigua desarrollada a lo largo de los años para ayudarnos a aplicarlo mejor.

El Eneagrama moderno, tal como lo conocemos, se divide en un sistema de nueve puntos y se subdivide en tres tríadas o centros. Las tríadas representan la cabeza, el corazón y el intestino, alternativamente denominados: centro de pensamiento, centro de sentimiento y centro del instinto, que forman los componentes esenciales del psique humano.

Si bien hay tantos sistemas de tipificación de la personalidad disponibles en la actualidad, el Eneagrama se destaca entre la multitud y, por esta razón en particular, mantiene su mérito global. No solo se sumerge más profundamente en las variantes que experimentarás incluso dentro de tu tipo dominante, sino que también agrega un aspecto único a las cosas.

Es decir:

Se te da la dirección hacia la integración, que explica cómo es probable que tu tipo se comporte cuando se encuentra en una senda de salud y crecimiento. Y también se te da la dirección hacia la desintegración, que describe cómo es probable que tu tipo actúe bajo presión y estrés.

Esto significa que tu autodescubrimiento va mucho más profundo que los sistemas de tipificación de personalidad habituales, porque te da el poder de introspectar y tomar nuevas decisiones conscientes en cualquier área de tu vida, incluyendo las relaciones. Es una herramienta vital para cualquier persona interesada en llevar su crecimiento personal y su autoconciencia al siguiente nivel.

El Eneagrama es una herramienta diseñada para ayudarte a observar tu personalidad (ego), y cómo funciona más de cerca. Ser consciente de quién eres realmente, los instintos básicos que impulsan tu comportamiento, y la calidad del carácter que puedes construir para crear un camino saludable y progresivo en la vida, o un camino desintegrador es el inicio de tu autodescubrimiento.

Dependiendo de tu tipo de personalidad central, hay ciertas pasiones que mantener vigiladas, y trabajar hacia la transformación en un nivel fundamental. Cuanto más reflexione sobre tus comportamientos y motivos, más fácil será convertirlos en virtudes saludables porque, como recordarás al inicio del libro, afirmamos que cada uno de nosotros es puro y bueno en esencia.

Aquí hay un resumen rápido de las pasiones o comportamientos que pueden gobernar inconscientemente tu vida, además de cómo transformarlos en virtudes saludables. Al realizar la prueba en línea, donde proporcionamos el enlace en un capítulo anterior, la mejor manera de averiguar tu tipo es. Al responder honestamente a todas las preguntas, tu puntaje más alto te mostrará qué tipo de personalidad eres. Tenga en cuenta que puedes tener múltiples puntajes altos porque, como dijimos, el Eneagrama es un sistema complejo e interconectado, al igual que un ser humano es complejo, y por lo tanto, no puede restringirse rígidamente a un solo tipo estricto.

Alternativamente, puedes volver a los capítulos anteriores y leer todas las descripciones detalladas de todos los tipos de personalidad, e intentar decidir cuál es el tuyo. Si crees que te conoces lo suficientemente como para identificar tu tipo al instante, puedes continuar estudiando y entendiendo tu tipo elegido, y toda la información adicional que hemos compartido en este libro.

Cómo el Eneagrama puede ayudarte a crecer y manifestar una vida llena de alegría.

El Eneagrama es como un mapa que potencia tu capacidad de auto-observación, y te muestra cómo alcanzar niveles más altos de conciencia. Cuanto más desarrolles una visión clara de la versión más saludable y mejor que puedas ser, más alegre y próspera será tu vida. Puede ser tan simple como lo desees, o tan complejo. Se recomienda empezar con lo básico. Este libro cubre todos los conceptos básicos y una comprensión profunda de las complejidades del sistema. Sin embargo, eso no significa que nuestros estudios terminan allí. Aun puedes sumergirte más profundamente en tu tipo de personalidad central, alas y subtipo auto-determinado, al aventurarse en lo que se le conoce como niveles de desarrollo.

En 1977, Don Riso descubrió y empezó a desarrollar lo que ahora se le conoce como los nueve niveles de desarrollo, que son las estructuras internas que conforman el tipo de personalidad en sí. En otras palabras, lo que Don Riso enseña es que tienes una estructura interna que es el núcleo de tu personalidad. Hay capas dentro de estas estructuras internas, y una cierta demostración de comportamiento de tu tipo de personalidad se pronunciará según tu nivel. El rango se extiende desde niveles saludables, promedio y bajos hasta niveles más bajos y poco saludables.

Don Riso y Russ Hudson mejoraron aún más este descubrimiento en la década de 1990. Son los únicos maestros del Eneagrama que incluyen esta estructura interna en sus enseñanzas del Eneagrama. El libro recomendado en el capítulo nueve, "Widsom of The Enneagram" (La Sabiduría del Eneagrama), también puede ayudarte a comprender mejor lo que estos maestros entienden por niveles de desarrollo, además de cómo elevarte más en tu desarrollo.

Han desarrollado estos nueve niveles de desarrollo para ofrecer una estructura "esquelética" de cada tipo, que puede ser muy útil para terapeutas, consejeros y otras profesiones médicas que trabajan con pacientes.

Al aprender más sobre los nueve niveles de desarrollo dentro de su tipo de personalidad, y en dónde se encuentran en un momento dado, puedes comprender si la persona está funcionando dentro del rango saludable, promedio o insalubre y apoyarlos en consecuencia.

Hay otros libros disponibles en línea de Don Riso, pero te animo específicamente a que revises la Sabiduría del Eneagrama si te sientes listo para sumergirte a mayor detalle dentro de tu personalidad central. Con la información que se comparte en este libro, puedes mejorar en tu trabajo, relaciones saludables, y en tu estilo de vida en general. Así que si no quieres ser experto en esto, no te preocupes. Ya tienes todo el conocimiento necesario para engrandecer tus habilidades de auto-reflexión y de conciencia propia.

Ahora que has dado los primeros pasos hacia adelante, no hay marcha hacia atrás. No podrás ser el mismo en tu trabajo, relaciones, y cómo te percibes a ti mismo. Tendrás una mejor oportunidad de controlarte a ti mismo ante cualquier entorno o situación que se presente si has hecho el trabajo interno. También tendrás más confianza en la planificación de tus metas futuras. Tener este equilibrio interno y externo es lo que necesitas para prosperar como tu verdadero ser en nuestro mundo moderno. ¡Ahora que eres mejor en entender, obtener las herramientas necesarias, y cultivar la calidad de vida que siempre has deseado!

www.ingramcontent.com/pod-product-compliance
Lightning Source LLC
Chambersburg PA
CBHW031127020426
42333CB00012B/266